儿童时间管理

21天
习惯养成训练营

崔　馨◎著

中国铁道出版社有限公司
CHINA RAILWAY PUBLISHING HOUSE CO., LTD.

图书在版编目（CIP）数据

儿童时间管理：21天习惯养成训练营/崔馨著.—北京：中国铁道出版社有限公司，2019.9（2024.6重印）
ISBN 978-7-113-26026-2

Ⅰ.①儿… Ⅱ.①崔… Ⅲ.①时间-管理-儿童教育-家庭教育 Ⅳ.①C935②G78

中国版本图书馆CIP数据核字（2019）第141956号

书　　名： 儿童时间管理：21天习惯养成训练营
作　　者： 崔　馨

策　　划： 巨　凤　　　　**编辑部电话：**（010）83545974
责任编辑： 苏　茜　巨　凤
责任印制： 赵星辰　　　　**封面设计：** MXK DESIGN STUDIO

出版发行： 中国铁道出版社有限公司（100054，北京市西城区右安门西街8号）
印　　刷： 三河市兴达印务有限公司
版　　次： 2019年9月第1版　2024年6月第15次印刷
开　　本： 880 mm×1 230 mm　1/32　**印张：** 7.25　**字数：** 206千
书　　号： ISBN 978-7-113-26026-2
定　　价： 55.00元

前言

PREFACE

这本书的面世来自于太多鼓励

我从未想到过自己会写书，即使我们的儿童时间管理训练营惠及了3万多个家庭，每期都能收到家长的好评。

感谢Sophie老师，在收到约稿的当天，放下电话，我的心怦怦直跳，我一遍遍问自己："这是真的吗？"当有这样的机会，把跟家长面对面的教授经验，和通过手机电波传递的音频课程，变成一本真实的书的时候，我有些不敢相信。因为这意味着儿童时间管理的训练方法将传播更远、更广，让更多的父母使用更科学的方法，代替吼骂与训斥，帮助孩子实现高效生活和学习。

感谢我的合作伙伴雨竹和苏苏老师，一直鼓励我沉下心来完成这本书。她们督促我、提醒我要用匠人之心来做一门课程，来写这本书，因为教育是严肃的事情，教育需要严谨的态度。2017年，我们作为联合创始人，发起了"指北针父母营"，一路高唱凯歌，将儿童时间管理课程推向市场，开设家长课，做讲师认证班，常常熬到深夜，我们的心中只有一个信念：让儿童时间管理传播得更远。

我和儿童时间管理的缘分

我曾是世界五百强的外企管理者，时间管理能力一直是让我受益最大的能力。长达十几年的外企工作，赋予了我对时间管理的敏感度。如何在烦冗的工作中剥丝抽茧来制订下一步的时间规划，如何通过检视反思来调整目标和行动，这些训练和思考，帮助我在工作中如鱼得水，高效管理团队和个人。也正因为我是时间管理、番茄工作法的受益者，我致力于将其应用于女儿日常的时间管理训练，更致力于将时间管理的理念和方法分享给更多的家庭。

女儿五岁了，从我十月怀胎分娩，到她牙牙学语，再到一点一点训练她认识时间，跟时间赛跑……到现在，她能自觉地按照每日的作息表安排自己的生活和娱乐。

有的时候，我会在家工作。我和女儿在一起的画面是：约定好25分钟的时间内，我去工作，她读绘本或者搭乐高。25分钟番茄钟铃声响起，我们同时停下来，再订一个5分钟～10分钟的休息时间，一起玩一会，或者相拥着聊会天。时间到了，我们再定下一个25分钟的番茄钟，我继续工作，女儿继续自行游戏。如此往复，我们可以相安无事，其乐融融地待上一天，让我既能高效工作，也能享受亲子时光。

谁在学习儿童时间管理

在儿童时间管理的授课过程中，我见证了太多家长们带着问题和迷茫而来，带着方法和成果毕业。

在我的课程上，有忙碌不已的职场妈妈，每天除了要应对工作的挑战，还要料理孩子的日常生活，陪伴孩子学习，她们希望孩子可以学会时间管理，早睡早起，不再需要自己催促。

也有全职妈妈，她们牺牲了自己的职场机会，花费了大量时间在孩子的养育上，但是当孩子拖拉磨蹭、学习不专注、成绩不理想的时候，还是一筹莫展。

还有白发苍苍的老人，他们是孩子的爷爷奶奶、姥姥姥爷，为了给孩子父母减轻负担，在教育孩子的过程中，他们努力跟上时代，希望给予孩子更好的教养方法，让孩子成为更有希望的新一代。

还有教育工作者，他们肩负着教书育人的重任，希望找到更好的方法，让孩子配合，可以战胜拖拉，学习专注，用更好的成绩来回报社会。

在我的课程上，有着来自各个地方，从事各种职业，经历人生不同阶段的人们。

非常感谢儿童时间管理训练，让我有机会与这么多家长面对面、心贴心，共同探讨孩子的拖拉磨蹭难题，让我有机会帮助更多家庭培养孩子成为时间管理的小能手。

这本书的特点

这是一本基于儿童心理的时间管理工具书，书中结合了我非常推崇的《高效能人士的七个习惯》，20/80 法则和 GTD 理论，将时间管理的理念、工具和方法，从更适应孩子心理的角度进行阐释。本书的方法和工具经过大量家长的实践，证明是适用于孩子的，而且深受孩子喜爱。本书图文并茂，力求做到让家长拿来就可以用，成为枕边的一本实用书籍。

这是一本关于亲子沟通和养育的书，任何方法和工具的使用，都不应该仅仅停留在策略的层面，浅尝辄止。尤其是孩子的时间管理能力训练，如果忽视孩子的内在需求，没有真正给孩子"管理时间"的内驱力和成就感，是无法取得长期效果的。我是一名国家二级心理咨询师，深知对于孩子来说，心理的营养价值远远大于物质的营养价值。我在学习了《正面管教》《如何说才会听》等书和课程之后，更加强调正向养育、鼓励教养，同时鼓励家长用"和善而坚定"的态度面对孩子拖拉磨蹭的挑战。家长们的反馈非常好，因为在互相尊重、亲子连接紧密的家庭环境中，孩子的行为会越来越趋于自律和自立。

这是一本基于大量案例和实战场景的书，因为家长常常感到焦虑的点是"别人家的孩子为什么那么优秀？"然而实际情况却是"家家都有本难念的经"。不同的是，家长越早觉醒，越早用更好的方法去实践，越容易帮孩子培养自我管理的能力和时间管理的能力。文中有两位主要的主人公，乐乐和涛涛。乐乐代表了 3 岁 ~ 6 岁的孩子群体，涛涛则是6 岁 ~ 12 岁孩子群体的代表。当家长们阅读到"乐乐"和"涛涛"的典型案例，再结合不同的场景和挑战，比如孩子的假期管理、考前准备、对电子产品的沉溺等，将更容易快速找到解决方案，进行儿童时间管理的针对性训练。

这是一本有趣好玩的书，学习本来就应该是一件快乐的事情，这也是我们希望传递给家长的信心。我们通过"视觉化""游戏化"来把时间管理变成孩子喜欢玩的游戏，喜欢进行的挑战，让孩子获得价值感和归属感，获得自我管理的成就感。在此，要特别感谢李楠老师，为本书提供了思维导图，可以让读者快速看到本书的逻辑脉络和重点内容。本书的读者群也将用思维导图作为工具，开展共读计划。

本书还有配套的“工具卡”，提炼了儿童时间管理的精髓和主要工具方法，家长和孩子可以随便抽取一张卡片，按照指示来操作进行训练，就像在玩一项游戏一样有趣和生动。

读者可通过扫描下面的二维码参与共读本书和获取相关配套工具卡。

这本书的实践效果

可喜的结果是，本书中的理念、方法和工具，经过实践和验证，是科学有效的。让我们来看看学员的真实反馈：

1. 李楠 + 大学教师 + 崔馨儿童时间管理讲师 | 10 岁孩子妈妈

我学习了儿童时间管理以后，觉得特别实用，于是一点一滴实践。先是教女儿画饼图，女儿学会了自己安排自己的时间，并且自己制定学习计划。总体来说，孩子写作业的速度越来越快，拖拉磨蹭越来越少，自主意识越来越强。暑假出行，我们全家的旅游计划都是她上网查资料，自己制定的，作为妈妈，我真的是太欣喜了。

2. 慧慧 + 理财规划师 |5 岁男孩妈妈

没学习之前，我一直以为自己很了解自己的孩子，我们过多的期许，过多的关注，让孩子错失了很多学习的机会，而有时又因为未达到我们的期望，常常被责备、批评。这就导致了亲子关系的紧张，严重时，还让孩子产生了逆反心理。

通过学习崔老师的儿童时间管理课程，我们不仅收获了良好的亲子关系，更重要的是孩子每天除了上学、写作业、上课外班之外，还能够井然有序地按照自己的计划做自己喜欢的事，而且现在也比之前有了更多自信心。

3. 丽香 + 儿童时间力讲师 | 7 岁男孩妈妈

通过家长营的学习和实践，孩子现在每天主动做作业、记作业清单并进行规划完成，在做作业过程中，还会主动用番茄钟来提高自己写作业的专注力！

而我自己，在工作上运用了番茄钟提高做事效率和时间利用率，每天给孩子写鼓励的话语，不仅增强了孩子的自信心，培养了孩子积极上进的品格，还加强了亲子之间的感情！

崔馨

2019 年 5 月

目录

CONTENTS

63 第 3 章
生活习惯训练：让孩子早睡早起爱吃饭，作息精力好

107 第 4 章
学习习惯训练：让孩子专心写作业，轻松考出好成绩

第1章
CHAPTER 1

训子千遍，不如培养孩子时间管理的好习惯

1.1 时间管理是每个孩子的必修课

日常生活中，家长们是不是经常遇到这样的场景：

“都催你多少遍了，还不起床啊？又要迟到了！”

“快快快，快点吃饭，磨磨蹭蹭，你都吃了半个小时了，小祖宗！”

“哎哟……小祖宗，别看电视了，都看一个小时了，快快快，去写作业。”

“写个作业，怎么那么不专心？家里有点声音，你就探头探脑，一个小时过去了，就写了这么点啊？”

家长们越是催促孩子去干某件事情，孩子就越是磨磨唧唧，做起事来像在“挤牙膏”，不逼着绝不动弹。为此，很多家长烦恼不已，明明对孩子三令五申、循循善诱、谆谆教导，可谓是煞费苦心，可为什么孩子还是做事磨蹭、拖延、不专注呢？

我曾经做过一个小调查，让家长群的学员评选出最头疼的育儿难题，结果几乎 80% 以上的家长，都选择了“拖拉磨蹭”。

拖拉磨蹭的习惯，就像一个看不见的小偷，把孩子们的时间悄悄偷走。孩子做事拖拉磨叽这一点，几乎让所有家长都像热锅上的蚂蚁一样，急得团团转，生怕这个习惯会影响甚至耽误孩子的未来。

家长会有这种担心也实属正常。因为我们都明白，孩子从入小学开始，学业压力就会随着年级的升高而大大增加。即便是一年级的孩子，要想独自完成作业也需要花费大把时间。如果我们做家长的不去督促，孩子一旦养成拖拉的习惯，那么，从毫无压力的幼儿园来到小学的孩子们就要浪费更多时间来完成作业，甚至影响休息，以至于第二天在课堂上打盹儿了。

这被浪费掉的无形的时间对孩子们来说到底有多重要呢？一道简单的算术题就可以让我们明白。如果说孩子每天能在拖拉磨蹭的事情上节省2个小时，一周就能节省10个小时，一年下来，会节省500多个小时！如果我们的孩子将这些时间都用在学习上的话，世界上会多出几位“天才”还说不定呢！

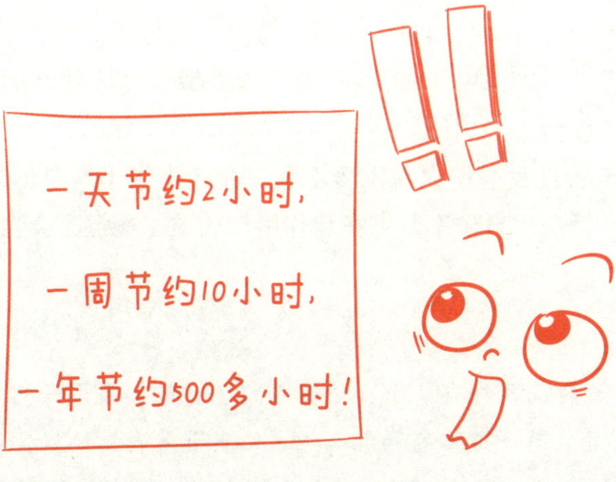

搜狐网曾有过一篇这样的报道——儿童教育领域的一位专家为刚入小学的孩子们做智商测试，结果显示，孩子们的智商差不多都在同一水平线上。其实，孩子们在一二年级的时候，成绩大多在 80 分 ~100 分之间不等。除去粗心而扣的分，就成绩而言，并没有太明显的差别。但是，当孩子们到了五六年级的时候，专家发现，成绩开始有了明显的差别，分数出现了从 65~75、76~85、86~100 这三级分层。

如果说孩子们智商都差不多的话，那么成绩为什么会渐渐出现越来越大的差距呢？我认为，这跟孩子的自我时间管理有着脱不开的干系。

很多细心的父母都会注意到，会影响孩子学习成绩的不仅仅是智商，还有孩子们对时间管理的能力，大家都喜欢把这种能力叫作“时间力”。对于孩子们来说，时间管理能力就像一个巨人，只有成功驾驭它，孩子们才能看得更远。

我们常常会听到“别人家的孩子”这种令人既羡慕又无奈的话，相互比较之后会发现：别人家的孩子越是优秀，就会越显得自家孩子做什么事都磨磨唧唧，一点也不着急。孩子虽然不认为这是件多么大不了的事，可我们做家长的却会为此发愁不已。

孩子的幼儿时期其实是一个非常特殊而关键的时期，要由父母耐心地告诉他们什么能做、什么不能做、该去做什么、什么时候去做的过程，让孩子慢慢适应周围的环境并且进行自我认知的建立。随着年龄的增长，孩子的自我意识也在慢慢增强，会产生属于自己的想法和意愿。简单来说，就是“自律”意识在起作用，让孩子慢慢学会自我管理。

案例：外国妈妈“一拖多”的秘密

我有一位德国朋友。有一次聊天时，我们无意间提到了孩子的时间管理问题。原来德国妈妈们在这方面上有着特殊的技巧。妈妈会在孩子们还小的时候对他们进行训练，帮助他们提早认识到时间的重要性。

她向我提到了自己的两个女儿，年龄都很小，一个5岁半，一个不到3岁。但让我感叹的是，这两个小姑娘现在每天晚上都能自己完成睡前洗漱，并做到20点准时上床睡觉。我想这大概是幼儿期教育及时有效的结果吧！他们夫妇两人每天都会等女儿们上床睡觉之后，坐下来边喝咖啡边聊天，惬意地享受二人世界。在教育孩子方面显得极为轻松，完全不像每天为育儿问题而愁苦的中国妈妈。

然而，当我把很多中国妈妈的情况描述给她听的时候，（例如：中国妈妈每天要晚上十点钟，甚至十一二点才能把孩子哄上床睡觉，然后用这“来之不易”的时间去刷朋友圈和追剧。）我很难忘记她那惊讶的神情，随后她追问我说：“为什么中国的妈妈不教会孩子管理自己的时间，让孩子早睡觉呢？这样既对孩子的生长发育有好处，也能留出时间给自己和先生。”

所以，培养孩子的时间管理能力，越早越好。越早开始训练孩子，见效越快，做父母的就越轻松，不用催也不用吼。

要想不被孩子的拖拉折磨，不做天天催促孩子、让孩子觉得很烦很讨厌的爸爸妈妈，很有必要来学学儿童时间管理，这样自己就可以做孩子的高效教练，在家就可以对孩子进行训练，趁早让孩子摆脱做事拖延、磨叽的坏习惯。

3岁～12岁是培养孩子一生习惯的关键年龄段，85%的习惯养成基本会在这一时期定型。如果孩子在这个年龄段养成了拖拉磨蹭、做事不认真、三分钟热度的习惯，那么这些习惯就可能伴随孩子一生。反之，如果在这一时期，引导孩子进行时间管理能力的训练，让孩子养成早睡早起的生活规律，养成专注学习要事为先的习惯，这对孩子的一生都是受益无穷，百利而无一害的！

那么，3岁～12岁孩子时间管理的目标究竟是什么呢？

3岁～6岁的孩子，要重点培养他们的生活习惯。在生活中训练孩子的时间观念，逐步训练孩子明确一日要做的事情的具体时间和用到的时长。为了实现幼小衔接，还要注意保护和培养孩子的专注力。

6岁～12岁的孩子，要重点培养他们的学习习惯。培养孩子对学习的兴趣，注意孩子的精力管理，从而提高学习的效率。为了让孩子更好地适应初中和高中的学习，需要进一步提升孩子的专注力训练，让孩子能够在完成学业之余还有时间玩耍休闲。

综上所述，我想大家能够意识到，孩子的时间管理教育问题已经迫在眉睫了，但依旧不知道要从哪里入手，是吗？建议各位家长，要培养孩子的时间管理能力，首先要了解孩子做事拖拉磨叽的原因。

这就像我们去医院看病，同样是感冒，还分为风寒、风热和暑湿感冒。如果不问症状，不问原因，直接开药，那么后果可想而知。为了解决这一问题，我结合线上线下课程的案例分析和对儿童心理学的研究，将孩子的拖拉磨蹭类型分为五大类。

1.2 孩子拖拉磨蹭的类型

拖拉磨蹭的类型有五种，分别是：依赖父母型、缺乏时间观念型、注意力分散型、缺乏兴趣型和天生气质型。

1.2.1 依赖父母型

依赖父母型，指父母平时对孩子的事情，事事包办，管得太多太频繁，所以最后让孩子形成了依赖。孩子做什么事都等着家长指挥，便会形成什么事情都要催着去做，不催不做的坏习惯。

案例：哎呀，我不会呀

涛涛是六年级的孩子，长得虎头虎脑，一笑还露出两个小酒窝，可爱极了，是全家的开心果。只要是涛涛开口提的要求，爸爸妈妈爷爷奶奶都会想方设法去满足。鞋带开了有人系；书包拿回家，奶奶会给整理。早上起床就更热闹了，妈妈给穿衣服，爷爷给准备漱口水，奶奶从厨房拿来早餐，还用小扇子扇风降温，捧着等孙子来吃。即使这样，涛涛每天早上还是磨磨蹭蹭，一副懒洋洋的样子，总是等到最后一分钟了，被爸爸吼着才慢悠悠地出门。

可是，事情还有更糟糕的时候，比如爸爸出差，爷爷奶奶回老家的时候，只剩下妈妈一个人照顾涛涛。

妈妈终于下命令了："涛涛，自己穿衣服啊，妈妈还得做饭。"

等到十分钟之后，妈妈到卧室一看，涛涛还盖着被子玩手机呢！

妈妈不高兴了："涛涛，快迟到了知道吗？让你穿衣服你也不穿，书包也没收拾好，乱糟糟的，你在干吗呢？"

涛涛一脸委屈："哎呀，我不会呀！"

妈妈不得不一边帮涛涛穿衣服，一边心急火燎地惦记，生怕锅里的粥煮糊了。

四十分钟后，妈妈才终于拉着涛涛奔跑在去往学校的路上……

涛涛的例子，在我们身边不占少数。父母和老人都觉得孩子还小，需要照顾，就什么都替孩子做了。久而久之，孩子自己就什么都不会

做，遇事只想拖着，等家长来“解救”。这样一来，孩子还能有动力自己快速完成自己的事情吗？说白了，孩子的慢，大都是家长给惯出来的。

其实，孩子小时候，对新鲜事物都抱有浓厚的兴趣，比如他们会学着妈妈的样子洗脸、刷牙、洗衣服等。然而，每当孩子想要自己干一些事情的时候，总会有一双手伸出来：“哎呀，你还小，妈妈帮你吧。”或者：“哎呀，宝贝，这个多沉啊，爸爸来拿吧。”这样的话听多了，宝宝的自理能力就像寒风里的花苞，还没有盛开就被寒风吹蔫了。

1.2.2 缺乏时间观念型

缺乏时间观念，指孩子根本不明白时间是什么。尤其是年龄小的孩子，他们的拖拉磨蹭其实并不是主观所致，往往是因为客观上对时间没有概念，体会不到时间的重要性。

案例：妈妈，别催我了

乐乐是小学一年级的新生，她妈妈带她来我这里做咨询的时候，老远我就听到她妈妈一个劲儿地催她：“乐乐，你快点吧，还有2分钟，咱们马上就迟到了！”“乐乐，你快点，再不快点，我可真要发火了！”当我看见孩子的时候，她稚嫩可爱的脸上挂着泪珠，满脸的委屈和不情愿。

乐乐妈妈说，几乎每天早上，乐乐都是被爸爸妈妈催促着穿衣服，催促着出门的……

很多孩子对时间的概念都是比较模糊的，他们大多只看眼前的事情，意识不到如果没有在规定时间完成任务会有什么后果。

可是，我们作为大人，这个时候就耐不住性子了，总是催啊催，不停地说："快点快点，咱们要迟到了。"或者："你快点啊，赶紧穿衣服，到时间爸爸就走，不等你了。"催促多了，孩子就会感到很茫然，不知道自己现在到底应该做些什么。于是，忙中出错，反而更加快不起来。所以，聪明的家长一定要采取一些能让孩子理解和认知的方法，对孩子进行关于时间观念的有效训练，从而代替无休无止的催促。

1.2.3 注意力分散型

注意力分散型，指孩子做事难以持久专注，常常一件事没做完，又去做别的事情，也就是俗话说的"做事三分钟热度"。

案例：我也想学习好，可是我坐不住

乐乐小的时候一直是"别人家的孩子"，经常被邻居或者朋友夸奖，说她聪明伶俐，到了学习的时候，家里人肯定会特别省心。邻里

街坊的夸奖加上长辈们望女成凤的心思，爸爸妈妈对乐乐可谓是寄予厚望。可是，自从乐乐上了小学，父母却为她的学习操碎了心。用乐乐妈妈的话说："噩梦就开始了！"

孩子还是那个聪明的孩子，可是不能集中注意力的乐乐哪里有半点优等生的样子啊。乐乐写作业时，总是东看看，西摸摸，磨磨蹭蹭，一会儿玩橡皮，一会儿吃铅笔，而且写一会儿就起来溜达一圈。这样写作业怎么能快起来呢？这样的学习效率，即便是小学生一年级的作业，乐乐也经常要用两三倍的时间来完成，这直接影响了她的睡眠时间，家长也跟着受累。这个曾经"别人家的小孩"不光在家里做作业效率不高，在学校，老师也屡屡反映乐乐上课注意力不集中，经常溜号。

乐乐这样的孩子绝非少数。无论是刚入学的孩子，还是已经进入青春期的少年，他们的家长都常因这个问题而向我诉苦。这样的孩子总让家长苦恼不已，因为不专注已经严重影响到孩子的学习和处事。

1.2.4 缺乏兴趣型

缺乏兴趣型，指孩子玩得很高兴，但是一提到作业和功课，就好像打蔫的黄瓜似的，立刻没了精神，拖拖拉拉，家长不逼着去做绝不动弹。

案例：学习没意思，当然想磨蹭

涛涛的妈妈说："我这个孩子啊，平时玩乐的时候可机灵了。就是别提学习，一提学习就发懵，哪里像个六年级的学生，倒像是跟学习有仇似的！小学的时候还想说让他玩玩也没什么，马上就要初中了，他的心还是定不住，我真担心这孩子以后的学习和未来的前途。"说完，妈妈重重叹了口气。涛涛却一副不以为然的样子，一下子窜到鱼缸前，全神贯注地盯着游来游去的小鱼儿，眼睛一眨不眨。

细心的家长大概发现了，涛涛虽然对学习不感兴趣，但是对自己喜欢的事情，比如看小鱼、玩游戏和看电视，却可以保持专注。

这一点，在学员家长的反馈中也很突出。

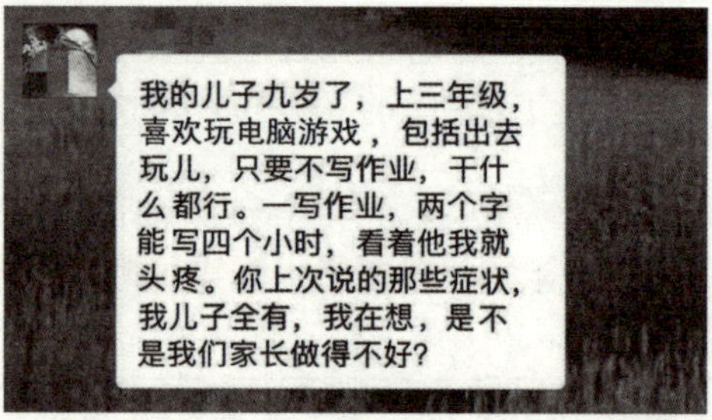

其实，孩子之所以喜欢玩，是因为玩的过程可以令他们轻易发现乐趣，所以更有兴趣。家长可以通过陪孩子寻找学习中的乐趣，提高孩子对学习的兴趣，调动孩子的学习积极性。简单来说，就是让孩子感觉到学习是快乐的，而不是枯燥无味。但是，这件事说着容易做着难。因为调动孩子的积极性，需要家长有足够的耐心和信心。有的时候，还要懂得孩子的游戏精神，带着孩子“玩着学习”。

1.2.5 天生气质型

天生气质型是指孩子的拖拉磨蹭，并非出于故意，而是孩子的性格所致。简单说，就是天生的。

案例：我，我，我就是天生慢性子呀

随着对涛涛的深入了解，我发现他做什么事情都是一副慢条斯理的样子。我故意说：“涛涛，我来考考你，看看你会自己整理书包吗？”涛涛没有回我的话，只是默默打开书包，不紧不慢地把书本、文具盒一一拿出来，才抬头看看我，我猜小家伙是想说：“看好了，我开始了。”随后，涛涛又把所有的东西慢慢地、一样一样放回书包。期间，涛涛妈妈一直盯着看，最后还是忍不住抱怨了一句：“涛涛，你能不能快点，老师等着你呢。”我摆摆手，示意涛涛妈妈耐心等待……

不得不说，这类孩子真的就是天生的慢性子，这其实跟父母的遗传基因有很大关系。比如，涛涛妈妈说，涛涛爸爸也是一个做事慢条斯理的人，所以这不能完全责怪孩子。

让我们再来看下面这个例子，故事中的主人公则是天生气质型的另一种表现——要求完美型。

案例：我也想做得快，可是我想做得更好

乐乐每次写作业，妈妈在一旁看着都有点揪心。妈妈说："这孩子什么都好，就是写作业慢。"比如写一篇作文，从构思到动笔，乐乐得花一个小时。家长还不能催，一催就不乐意；要是再催，就开始掉"金豆豆"。好不容易开始动笔了，写了擦，再写再擦。几行字就能写半小时。经常写到半夜不说，有时还一边写，一边哭。孩子难受，家长也心疼。

乐乐妈妈甚至激动地说："每次看她写作业，我的心脏病都快要犯了。生怕她写着写着，又因为字不好看，或者写到格子外面了，把自己气得呜呜哭。"

天生完美型的孩子，可能就会为了做好一件事情而不停重复，或者犹犹豫豫无法做出决定，这样就会浪费很多时间，变得拖拉起来。甚至，在孩子成人之后，做事也会形成瞻前顾后，犹豫不决，最后常常让小事化大。

对天生气质类型的孩子，家长首先要调整自己的期待，学会接纳孩子。虽然孩子因为性格较慢，或者要求完美，所以显得拖拉，但换一个角度看，其实这样的孩子身上有踏实、沉稳、认真的优点。我们要在承认其优点的情况下接受这样的不足，并将孩子的优点最大化，缺点最小化。

建议家长多用欣赏的眼光去看孩子，在孩子需要的时候多鼓励，那么孩子才会树立做事的信心。相反，如果你将“慢”当作一个缺点来说孩子，孩子也会认为这是个缺点，久而久之，孩子的自信心就会受挫，这对孩子的发展是十分不利的。

同时，爸爸妈妈还要适当训练提高孩子的效率，帮助孩子适应未来的社会竞争。

以上，分析了孩子拖拉磨蹭的五种类型，每个孩子都是独特的个体，只有了解了孩子磨蹭的类型和原因，分清究竟是父母包办太多还是孩子的注意力有待训练，是孩子先天气质所致还是后天的因素影响，才可以根据具体情况，为孩子量身定做一套适合他们自己的训练方式。

有的时候，一个孩子会同时符合一种以上拖拉磨蹭的类型，分析之后，可以根据以下的养育技巧，日常进行训练。

1.3 五种拖拉磨蹭类型的养育技巧

养育孩子是世界上最值得的事情之一，也是挑战性极高的一件事。探索更好的养育技巧，能帮助我们拉近跟孩子的关系，让孩子更加配合进行时间管理的训练。这样，后面章节的具体时间管理方法，才能帮助引导孩子进行系统训练，变身高效能手。

针对上一节提到的拖拉磨蹭的基本类型，本节将给出训练技巧和方法，用于跟孩子进行日常的训练和沟通。

1.3.1 依赖父母型：亲自示范＋指令清晰

1. 亲自示范

长久以来，由于被照顾得太过周到，孩子往往认为周围人就该围着自己转，为自己服务，所以培养孩子的自理和自立能力是第一重要的。家长要后退一步，学会让孩子自己做事。但是，并不是一开始就让孩子盲目做事，而是先要耐心教会他们如系鞋带、整理书包这些基本技能。只有技能提高了，孩子的依赖性才能逐渐减少，慢慢地，他们就可以自己做事，不需要家长的催促了。

具体操作步骤：

①一边示范做，一边给孩子讲解

比如，教孩子洗手，可以像幼儿园老师一样，把动作拆分，一个动作一个动作地教给孩子。

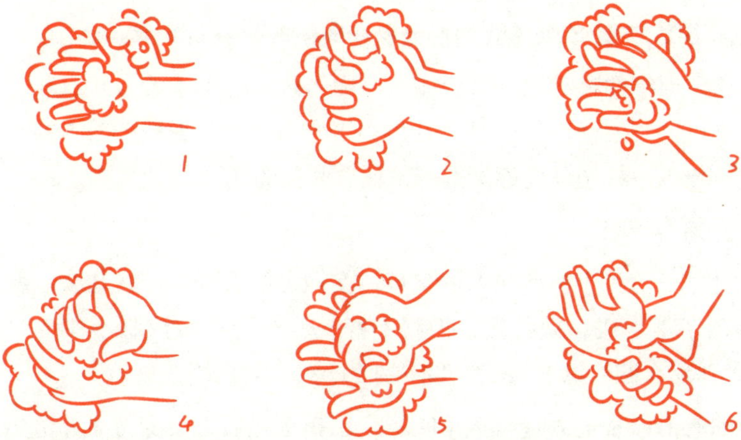

②和孩子一起做

示范后，要跟孩子确认看清楚了每个动作，再让孩子试着自己做。为了让孩子更好地记忆，并且觉得有意思，家长可以陪着一起做，对孩子说："我们一起来完成，好吗？"一次记不住就两次，两次不行就三次，一定要有耐心，不要催，也不要不耐烦。

③让孩子自己做，家长来监督

等孩子自己熟练了每一个步骤，这个时候，让孩子自己来做，家长不再指挥，不再参与，只是陪伴就好。如果孩子还有做得不对的地方，家长只需要温柔指出，并启发孩子自己思考："宝贝，是不是这样做呢？"或者"接下来，该怎么做呢？"这样在一旁监督孩子，直到孩子能自己坚持下去。

④ 当孩子已经完全掌握技能，放手让孩子自己做

当孩子已经可以独立熟练完成一件事时，家长就尽管放手让孩子去做吧。这时，也可以增加训练的趣味性，比如跟孩子一起比赛，并且适当"示弱"，说："哇，宝宝，现在你刷牙的动作又标准又快，妈妈都比不上你了呢。"让孩子体会到自己现在所做的事能带来成就感。

这个训练的过程也许会很漫长，因为孩子的动手能力和自理能力较弱，不可能一蹴而就。但是一旦耐心培养出孩子掌握技能的本领，每天进步一点点，孩子就会逐渐具有责任感和能力感。

2. 指令清晰

对孩子的大小事情包办的父母，在训练的过程中，往往会急躁，见不得孩子学得慢、做得慢、做得不好。他们会经常控制不住地对孩子说："别那么倒牛奶！"或者"不要把书包弄乱了！"

细心的家长会发现，孩子听了这些指令之后，会变得更加茫然，不知道该做什么。心理学的研究表明，在行为字词前加上"不要""别去""不许""不准"等否定词，孩子的大脑往往会误解其真正含义，反而会让他们不知道现在到底该怎么做。或者，当孩子向着我们不喜欢、不希望的方向发展行为的时候，家长越是说"不要"去做的事情，孩子就越"要"去做。

这时，最好的方法，就是指令清晰，用清晰的话语告诉孩子"现在应该做什么"。

1.3.2 缺乏时间观念型：启发提问＋体验后果

要让孩子建立良好的时间观念，除了要用后续章节的时间管理方法来训练之外，父母跟孩子的沟通方式和养育态度也很重要。

1. 启发提问

启发提问，是向孩子提问，而不是直接告诉孩子，这样可以让孩子学会思考，并感到自己很能干。

家长多向孩子提问的好处，是激发孩子注意时间的兴趣，让孩子觉得自己对时间是有把控感的。比如日常生活中，家长可以经常用提问的方式说：“你需要怎么做，才能为按时上学做好准备呢？”或者说：“你准备怎么安排做作业的时间呢？”

2. 体验后果

跟孩子约定好任务的执行时间，当提醒孩子后，却依然没有按时完成的时候，家长不需要唠叨或者责备孩子，而是要让孩子体验不遵守时间的后果。

如果跟孩子约定了早上出门的时间，孩子没能按计划去做，就让孩子自己想办法去学校。如果孩子没有做好整理工作，忘记了作业或者书本，要让孩子体验被老师批评的后果。通常，当孩子迟到一两次，或者忘带东西一两次之后，就能改变他们拖拖拉拉、丢三落四的习惯。

当孩子自己亲身体验到不遵守时间、不珍惜时间的后果之后，家长不要说教，而要对孩子表达共情和理解。当孩子平静的时候，可以问一些启发式的问题，来帮助孩子去思考如何避免再发生类似的事情，比如说："真遗憾，今天没赶上校车。以后我们怎么做，才能按时出门呢？"学会提出问题让孩子自己思考出解决办法，往往比教训和命令更有效。

> “谁叫你磨磨蹭蹭，这下上学迟到了吧。”

> “真遗憾，今天没赶上校车。以后我们怎么做，才能按时出门呢？”

1.3.3 注意力分散型：明确目标＋先易后难

1．明确目标

明确告知孩子目标是什么，和接下来要做什么。

很多时候，孩子不能专注，不是主动选择的结果。而是孩子不知道要专注做什么。比如，家长经常对孩子说：“你要好好学习。”但其实，孩子并不知道“好好学习”意味着接下来他要具体做什么、如何做，以及做到什么程度才算好好学习。

家长可以帮助孩子树立梦想，为孩子找到可以去努力的目标。关于帮助孩子树立梦想的方法，在第三章会进行详细讲解。树立了目标之后，家长在布置任务的时候，就要指令明确。比如，不能简单地说：“你要好好练琴。”而是要确定目标和任务：“今天，我们要将第4页曲子中的前3个小节，练3遍。”

> “你要好好练琴。”

> “6点钟开始，我们要将第4页的曲子中前3个小节，练3遍。”

这样，孩子才明确知道自己该做什么。而且，一次只让孩子专注一个目标，更容易让孩子集中注意力。

2．先易后难

时间管理训练的过程中，家长要注意目标设立的难易程度。不要设定太难达到的目标，让孩子望而生畏，这样孩子会无法专心致志地完成，反而会影响孩子的自信心，让他们总想着去逃避。

比如刷牙，可以先跟孩子约定时间为 4 分钟，设定好定时器，让孩子练习。当孩子在 4 分钟之前达到目标，孩子就会很兴奋，觉得自己能做到，自信心大增。

当孩子已经熟练掌握刷牙的技能时，可以再来跟孩子重新约定，是不是可以将时间缩短到 3 分钟。

这样，由易到难，慢慢调整目标，让孩子在自信中慢慢精进，一旦孩子发现自己可以做得到，就会想做得更好，执行起来也就自然而然事倍功半了。

1.3.4 缺乏兴趣型：游戏化训练＋比赛激励

1．游戏化训练

孩子的时间管理训练，要结合有趣的游戏，让孩子感受到训练的乐趣。

比如让孩子练习穿衣服的时候，可以约定计时，看看5分钟能穿几件衣服。这样在时间的限制下，孩子将会专注地进行学习和练习。

或者，可以训练孩子在10分钟之内，背下来语文课文或者英文单词。当孩子在计时器响之前做到，就会特别开心。家长在这个时候，一定要适时鼓励孩子，肯定孩子的努力，这样孩子的兴趣才会被慢慢激发起来。

2. 比赛激励

比赛，更能够调动孩子的积极性。可以在周末的某一天跟孩子约定，在规定的时间内，全家比赛脱袜子、穿袜子、穿鞋子、系鞋带等。这种“家庭大比拼”，孩子会非常乐意参与其中。这不仅能够让孩子快乐地练习比赛的任务，也能够让全家拥有其乐融融的家庭氛围，一举两得。通过反复练习，家长可以放手一段时间，允许孩子尝试自己穿衣服，孩子将从中学会自己解决问题，甚至在遇到困难的时候，学会自己研究琢磨，拒绝家长的帮助。

1.3.5 天生气质型：信任鼓励＋小步前进

1. 信任鼓励

针对天生气质类型的孩子，鼓励是一个非常实用的方法，哪怕孩子只有一点点进步，家长都要及时给孩子鼓励。鼓励，要关注孩子具体的行为，强调孩子付出了哪些努力，取得了哪些进步。比如，夸夸孩子今天比昨天穿衣服快了1分钟，今天写作业比昨天快了5分钟等。适当的鼓励，才能激发孩子的内在动力，让孩子感受到爸爸妈妈的信任，从而更有动力和信心，做得更快更好。

这里，给大家提供三种鼓励的句式：

描述型鼓励：“我看见……”

感谢型鼓励：“我谢谢……”

信任型鼓励：“我相信……”

1）描述型鼓励：描述细节和努力的过程，及时肯定孩子的进步。

比如："宝贝，妈妈看到你自己穿衣服，扣子系得又快又整齐呢！"

2）感谢型鼓励：关注并感谢孩子的努力行为，关注孩子的感受。

比如："宝贝，妈妈很感谢你可以自己整理书包，这样我们早上的时间就很充裕了，还能一起去吃最喜欢的小笼包呢！"

3）信任型鼓励：真诚表达对孩子的信任，给孩子力量。

比如："宝贝，爸爸相信你可以自己刷牙了，让我们比一比，看看谁第一！"

2. 特别时刻

天生气质类型的孩子，几乎每天都会被催促，内心时常会感到不安和委屈。父母需要每天安排一个特别时刻去和孩子单独相处，走进孩子的内心，去看一看孩子在幼儿园、在学校经历了什么让他高兴、不开心甚至难过的事情。这有助于孩子了解自己的情绪，并进一步协助他们将情绪化解。

当你能够在这个特别时刻全身心关注你的孩子、倾听孩子的话时，这个方法才会有效。这个特别时刻的目的，就是让孩子感受到他是有价值的，是被爱着、被欣赏的，这样才会打开心扉，更好地与父母一起进行时间管理的训练，并且增加对父母的信任感，这样做还能帮助家长更好地了解孩子。

哪怕早晚抽出一点点时间，抱抱孩子，跟孩子表达爱和感谢："我爱你，谢谢你成为我的宝宝（孩子）。"这样的表达，都可以让孩子备受鼓励，感受到被爱的幸福，在平时也会更愿意去配合家长。

1.4 孩子时间管理训练必经的四个阶段

了解儿童时间管理训练的规律和必经阶段，也可以帮助家长对照孩子的行为特点，做到心中有数，持续将这项训练进行下去。

1.4.1 反抗期

在给孩子培养一个新习惯或者改掉一个旧习惯的过程中，刚开始的肯定会经历一个孩子反抗的过程。

案例：孩子只有三分钟热度怎么办？

乐乐是一个典型的没有时间概念的孩子，在给她拟定时间计划的时候，我给出的建议是用计时器来管理生活，逐渐让乐乐对时间长度有所认识。比如，早上的时间，可以让孩子练习3分钟刷牙，15分钟吃早餐等。

3天时间过去了，乐乐妈妈兴奋地给我打电话，说："乐乐变化可大了，特别喜欢跟闹钟赛跑。原来一个小时才能出门，现在40分钟就准备好啦。"

我提醒乐乐妈妈，尽管乐乐接受得很快，但是一开始训练的强度也不要太大。

果然，又过了两天，乐乐妈妈再给我打电话，就变得有些沮丧，说："乐乐昨天早上因为没有达到5分钟穿衣服的目标，把自己气哭了，坚决不肯再使用计时器了。"

孩子一开始也许对时间管理的小游戏会产生新鲜感。但过几天，惰性的小魔怪冒出来之后，孩子就会再次变得懈怠。除了思想上的变化外，身体上也会有一个自然反应，来反抗这种"快快快"的节奏。

除了常说的生物钟，一些固有的习惯已经存储在孩子大脑的基底核里，不可能一下子就修改过来，需要大脑重新进行存储，所以生理上才会出现反抗期。遇到这种情况该怎么解决呢？

首先，希望爸爸妈妈降低要求，让孩子的大脑和身体逐步地进行一些适应，比如现在是7点起床，就不要一下改到6点，变动太大了；比如原来是1个小时出门，不要看孩子很喜欢计时器的游戏，直接就规定40分钟。可以改为每天提前5分钟，逐步往前提，这样，大脑和身体上对5分钟没有什么感觉，会比较容易接受。同时，孩子在心理上接受度也较高。拿大人来说，如果让你一下子做100个俯卧撑，首先心理上就会有反抗情绪，觉得太难了，肯定做不下来。但若是第一天1个，第二天2个，这样每天增加1个的话，才会觉得没那么难，比较容易接受，不知不觉中，你就能做到100个俯卧撑了。

1.4.2 磨合期

孩子在有了一点点进步之后，还会有偶尔的失败，需要父母和孩子多沟通，跟进执行，以免半途而废。

案例：孩子有反复怎么办？

清清坚持时间计划，做得非常好。用清清妈妈的话说："调整了清清的时间计划后，每天把因为效率提升而节约的时间，都留给清清自己安排，清清的积极性大增。"清清妈妈非常满意。

这样的训练坚持了一周半，清清妈忽然急急忙忙找到我说："上周清清奶奶过来了，清清非常高兴，央求我先不按时间表执行，多陪陪奶奶。我一想，这是人之常情，就答应了。"

可是，奶奶走了之后，清清就又被打回了原形，原来培养的时间能力，又再次退化了……

孩子经历磨合期有两方面的原因：

1）父母的跟进执行不到位。

看到孩子最近表现还不错，家长心里很高兴，今天比约定的时间晚睡 10 分钟，晚睡就晚睡吧。或者，约定了换礼物的规则，还没有达到标准呢，家长一高兴，说："宝贝，妈妈提前买给你。"这样一来你会发现，当你一旦越界，也就是不遵守约定的时候，或者觉得已经取得了一些成功而松懈下来，孩子也会顺势就松懈下来。这样，孩子的习惯就很难稳定了，如果周末连续晚睡了两天，等到周一再执行的时候，就又会经历一个重新适应的过程。

2）孩子经常会被惰性打败，或者因为不能按时完成约定的任务，达不成目标而有挫败感。

这个时候，父母的鼓励就特别重要，请用 1.3.5 节中的鼓励三句式经常给孩子打打气。比如说："宝贝，妈妈看到你都一个星期没有睡懒觉了，像一只勤快的小蜜蜂。你很优秀哦！不会让妈妈每天操心了。我也相信你，明天一定会按时起床，这样我们就能有时间一起吃一顿丰盛的早餐了！"

1.4.3 倦怠期

孩子本来已经有了很大很好的变化，可是突然有一天，孩子感觉时间管理没什么意思了，不想继续了。

案例：孩子想半途而废怎么办

涛涛是个正值青春期的孩子，在与他的沟通中，我充分尊重了他的想法。比如，涛涛希望回家之后，妈妈不要火急火燎地催促他写作业，而是给他半个小时休息一下，听听音乐或者看会课外书。涛涛说："在学校已经够累的了，回家妈妈就一脸严肃，总是催我写作业，真的觉得心情特别差，我希望能够得到妈妈的体谅。"

在与涛涛妈妈协调之后，我们答应了涛涛的要求，他很高兴。接下来的日子，过得很顺利，涛涛基本能按照计划来完成自己的日常任务。

但是上个周五，涛涛要先准备校庆的节目再写作业。妈妈有点不高兴，但是也没说什么。结果，那天涛涛很晚才开始写作业，一直写到晚上11点半。涛涛妈妈就有点沉不住气，说了涛涛几句。涛涛当时就生气了，回到自己房间，"砰"地关上了门。之后，再执行计划时，涛涛的表现大打折扣。涛涛妈妈又重新陷入了焦虑。

孩子进入倦怠期，是惰性作用的反复，这是一个比较关键的时期。儿童时间管理的训练，对于孩子来说，需要长时间的适应。当孩子实际适应的时间比家长对这个适应期的期望时间长时，就会产生一个比较大的落差，会让父母感到焦虑，觉得孩子变化不大，训练不见起色。这样的心理焦虑同时也会传递给孩子，给孩子造成压力。所以，在倦怠期，父母对孩子的接纳和理解，就尤其重要了。

1.4.4 稳定期 / 适应期

在稳定期，孩子已经可以做到不费力就能按照时间计划表进行生活和学习，而且期间一般不会有什么例外情况。

案例：21 天发生的大变化

涛涛和爸爸妈妈关系一向很好，这次时间计划的执行过程，孩子和家长都在积极配合。家长不但充分尊重孩子的时间安排，并且在当孩子有点坚持不下去的时候，不指责、不批评，而是坐下来，跟孩子一起分析原因。每次谈话的最后，爸爸妈妈一定不忘记摸摸涛涛的头，对他说："爸爸妈妈相信涛涛一定可以做得到。"

21 天很快过去了，涛涛非常高兴地在 21 天时间表上画了一个大大的笑脸！

即使在稳定期，孩子偶尔还是会有“不想动”和“不想做”的想法，这就需要爸爸妈妈继续鼓励孩子克服这些想法，坚持跟进执行孩子的时间计划。

基本上，21 天下来，孩子对时间管理的习惯就已经养成了。

1.5 学员反馈：二胎妈妈与孩子拖拉磨蹭的升级打怪

我是一位二胎妈妈，痛并快乐着。随着孩子的成长过程中出现的拖拉磨蹭问题逐渐突显，让我常常有些抓狂。也曾经尝试给孩子做过计划表，但都是做了没几天，就执行不下去，流于失败。我一直在苦恼，难道要一直这样在催促孩子的生活中不能自拔吗？

直到系统学习了儿童时间管理，我才第一次认真思量，我的孩子拖拉磨蹭的原因究竟是什么？

老大出生后，全家给了太多关注，导致孩子的动手能力比较弱，事事等着我们给他办。如果我们不帮忙，他宁可拖着不做。

老二年纪尚小，刚刚 3 岁，我们也没有给他培养时间观念，所以孩子对于到了时间该做什么事情，思想上比较模糊。

针对老大，我和爸爸商量，平日加强技能训练。过去包办的刷牙洗脸，整理书包等事情，我们开始亲自示范，再一点点放手让孩子自己去做。过去我们低估了孩子的能力，总怕他做不好，学不会。没想到，通过比赛，孩子的兴趣大增，常常主动提出：“爸爸妈妈，我们来比赛吧。”然后做得越来越好。现在，他自己就给自己设定计时器，常常跟“时间”赛跑。

针对老二，我和孩子爸爸会对他提示时间和具体的任务，让孩子慢慢知道，到了一定时间，就要去做某件事情。比如出门前，我们会提示他："现在 8 点了，爸爸妈妈要带你去超市了。"或者说："时钟走到这个位置，是 5:30，这是我们全家人一起吃晚饭的时间。"老二的时间观念越来越强，常常跑来问我们："爸爸妈妈，现在几点了，我们是不是要出门了？"

孩子们的动作越来越快，我和爸爸越来越轻松了，真的很开心，谢谢！

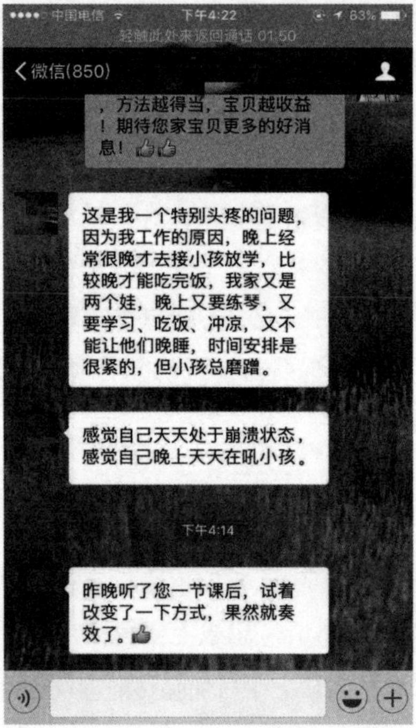

第2章
CHAPTER 2

情绪管理训练：不吼不叫不生气，照样能培养出高效的娃

2.1 训练孩子进行时间管理的沟通心法

一提到孩子的时间管理训练，很多家长都直摇头，因为平时面对孩子除了催促，就是唠叨，甚至还会上升到“亲子战争”。这说明在时间管理中，情绪管理同样重要。坏的情绪往往让孩子与家长对抗，拒绝配合，训练便无从谈起；而情绪平和、良好的亲子关系会让孩子更容易接受训练，快速提升时间管理能力。

2.1.1 尊重孩子感受，才能让孩子配合做时间管理训练

我的一位学员，在开始学习之前，痛诉孩子拖拉磨蹭写作业的“恶习”：

“孩子为什么写作业这么慢呢？一直催他，他也改不了。以前催他，还多少能听进去；现在一催他，他就赌气进自己的房间，作业也不写了。这几天，他的拖延越来越严重，回家先玩ipad，玩够了再看动画片，每天晚上8点多才开始写作业。而且他写作业也没以前认真了，总是拿着笔发呆，半天才写几个字，像是在挤牙膏，一般写到11点多才写完。怎么才能让孩子快点完成作业呢？”

被孩子写作业折磨的家长不占少数，家长们都很困惑："为什么孩子会有这样的拖拉行为呢？"

传统意义上的养育方式，家长往往通过批评责骂，希望让孩子吸取教训；或者通过唠叨监督，希望孩子改正错误；抑或，惩罚奖励，希望孩子自觉自律。

但是家长们发现，这些办法往往不能奏效，或者不能保证长久的积极效果。渐渐的，孩子的态度变成"我就不想写，我就要这么做！"而家长的态度渐渐演变为："你必须按我说的做！"，于是，"亲子大战"便犹如箭在弦上。而且，这样一来亲子关系愈演愈烈，最后，即使家长对孩子提出很简单的要求，孩子也是置若罔闻，当作没听见，任凭家长催促。

不要轻易给孩子贴上"拖拉磨蹭"的标签。父母如何看待孩子，如何说如何做，将深刻影响孩子的行为。

在心理学上，有一种心理效应叫"贴标签效应"。解释为当一个人被一种词语名称贴上标签时，他就会做出自我印象管理，使自己的行为与所贴的标签内容相一致。这一心理现象在孩子教育中有着极其重要的作用，因为给孩子"贴标签"的结果，往往是使其向"标签"所喻示的方向发展。

家长们可以回忆一下，是否这样说过：

"我家儿子坐不住，干什么都是三分钟热度。"

"我女儿可磨蹭了，我真是拿她没办法。"

这就是在给自己的孩子"贴标签"。当孩子听到父母对自己的抱怨和斥责的时候，会对自己产生心理暗示，觉得：我就是一个拖拉磨蹭的孩子。

就这样，孩子被我们一次又一次地贴上了无数的标签，慢慢失去了真实的自我。

在和孩子的朝夕相处中，有时候甚至不需要我们说话，一个眼神、一个动作都能让孩子感受到我们对他们的评价，并且一点一点地进入到他们的心里，并深深地影响他们的行为。这就是心理暗示的力量，已经被美国的著名心理学家罗森塔尔所证实。

1968年，罗森塔尔做了一个试验。他对波士顿一所小学的老师传递了这样的信息：经过测试，发现一些学生属于“学习尖子”。事实上这些学生根本没有经过什么测试，而是被随机抽取出来的。但罗森塔尔成功地让老师相信这些具有非凡潜质的学生，将在本学年度取得优异成绩。最后试验的结果令人惊奇，这些学生真的成了同学中的佼佼者，成绩远远高于同龄人。

连我们成年人在生活工作中都会受到他人评价的影响，更何况孩子。孩子并没有形成自己的认知体系，所以当他们听到最亲最信任的父母多次对自己做出同样的评价时，他们的行为和想法便会遵循父母贴的标签，成为标签所示的人。

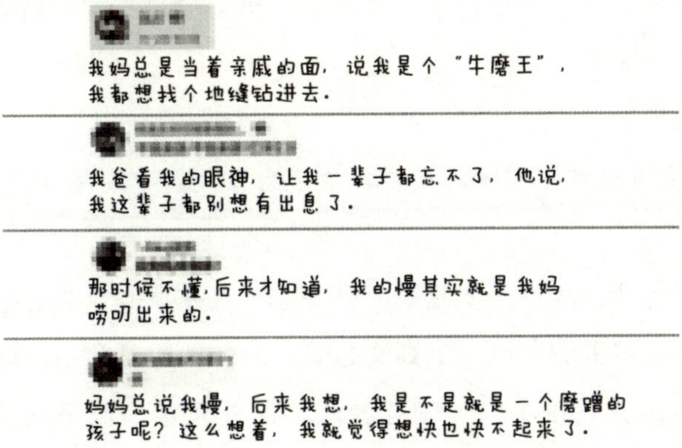

贴标签是父母在教育孩子的过程中，有百弊而无一利的行为之一。在进行儿童时间管理训练过程中，我们要求家长不要再给孩子贴标签，而是尊重儿童的发展规律，尊重孩子的感受，仔细观察孩子，找到行为背后的原因，这样才能事半功倍。

因为**孩子的行为和感受有着直接的联系，孩子的感觉好，才能有好的行为。**

首先，让我们回顾一下，当我们希望孩子进行时间管理，乖乖吃饭睡觉、写作业的时候，我们都对孩子说了什么？然后把自己想象成你的孩子，在听到父母这些话的时候，你的感受又会是什么呢？

- 唠叨

“哎哟，小祖宗，这都几点了，你怎么还不睡觉？明天你不是还要早起参加学校活动吗？这还能起来吗？我都替你着急。”

- 命令

“7点了，你赶紧写作业，快点！”

- 说教

“你自己说说，写作业是不是一个学生该做的事儿？一共就那么点儿作业，你写了快2个小时了。小时候不好好管理你自己的时间、好好学习，长大你能有什么出息呢？”

- 羞辱

“我就没见过你比更懒的孩子，早上叫了几遍也不起床。”

在儿童管理训练营，家长亲自体会到了孩子听见这些话语之后的感受，理解了现实生活中孩子的真实感受，有的家长甚至泪流满面。

我们仿佛看到孩子因为学业紧张、课业繁重，似乎永远都看不到头。孩子并不是因为作业本身在拖拉，而是内心感到有压力，因而产生了逆反心理，索性拖拉磨蹭，不去做。

事实上，养育孩子，对孩子进行时间管理的训练，我们会发现有很多更好的方法能让孩子们的感觉好起来，避免发生或升级亲子战争，也更能让孩子们有机会心情愉快地配合训练。

如果家长学会尊重孩子，倾听孩子的感受，就会更容易帮助孩子走出拖拉磨蹭的问题区。

案例：先写作业还是玩，妈妈一招就搞定

孩子：“作业，作业，天天都要写作业，烦死了！”

父母：“是啊，上了一天学，你看起来有点累了。”

孩子：“那么多作业，我想想就觉得烦，根本不想写。先让我玩一会儿吧。”

父母："是啊，作业那么多，又要写到很晚。而且明早还要早起，看来挺难办的。"

孩子略微平静了一些，父母也没有再说话，而是静静地陪伴孩子。

过了一会儿，孩子主动说："算了，我还是赶紧写作业吧，要不明天被罚，还要写更多呢。"

父母平静地看着孩子："先写作业，如果有时间再玩，这是你自己的决定呢。这就是自律哦。"

当孩子的感受不断被否定的时候，他们会感到生气和困惑。反之，当孩子的感受被倾听和理解，他们会感到被认可和被理解。接下来，他们将自行做出判断，下一步按照计划该做什么。

我的孩子有的时候也会想偷懒，不去理“该死的时间表”，我会平和地看着她，说：“如果上学迟到了，或者不能吃早餐了，会很麻烦呢。”往往在跟我拥抱之后，她就会打起精神继续做下一项任务了。

2.1.2 鼓励孩子自立，才能让孩子有持续训练的内驱力

家长希望孩子管理好时间的最重要的目标，是希望孩子自立，自己能够管理好自己的生活和学习，这样，将来到了工作中，也能独当一面。

如何帮助孩子学会自立和自我管理呢？首先要让孩子知道管理时间，是自己的事情。我们无法“包办”孩子的人生，正确的方法是让孩子积极参与进来，作为问题的解决者，同时允许孩子在错误中成长。

有人会觉得，儿童时间管理，把时间管理的工具和方法教给孩子就足够。可是，为什么孩子学习了，也没有起色或者根本的变化呢？

这是因为，如果孩子只是学会了使用工具，但在生活中还是会被家长催促和唠叨，那么孩子的独立性还是无法得到培养。

大家可以联想以下的场景，然后试着体会，如果你是一个孩子，你的感受是怎样的。

你是一个4岁的孩子，每天父母对你说：

“多吃点，别挑食。快点吃，别东张西望的。”

你是一个8岁的孩子，每天父母对你说：

“你的书包乱死了，来，妈妈帮你整理一下。”

你是一个12岁的孩子，每天父母对你说：

“写篇作文，要花2个小时，你怎么回事儿。拿来，我帮你看看，你应该……”

如果你是这个孩子，又觉得自己有能力独立去完成自己该做的事情吗，那么你愿意接受挑战，坚持按照时间管理的计划，一步一步成为高效小能手吗？

错误是最好的学习机会，让孩子来决定自己的时间规划，把时间管理的权力归还给孩子。

案例：孩子时间管理做得好，正确鼓励很重要

孩子："我的好朋友邀请我去他家里玩，他新买了一套飞行棋，一定特别好玩。"

父母："哦，是吗？好朋友邀请你去，你一定很高兴。"

孩子："是啊！可是今天语文老师留了一篇作文，不知道什么时候能写完呢。"

父母："作业不得不完成，朋友的邀请又很诱人，真是难办啊。"

孩子："要不然……我先去玩，回来再补上作业吧。大不了熬到半夜再睡。"

父母："嗯，这听起来也还是个办法，但是这样一来，希望不要影响明天早起，你是明天的领操值日生呢。"

孩子："是啊，我怎么把这个忘记了。嗯……我还是先写作业吧。妈妈，这个周末，我能不能上完钢琴课，去找我的朋友玩呢？"

父母："当然可以。放弃了去玩游戏，而把作业放在第一位，这就是自控力。这很了不起，你一定为你自己感到骄傲。"

如果家长学会赞赏和鼓励孩子，允许孩子独立解决问题，孩子将获得持续的内心动力。

现实生活中，父母往往用批评和说教的方式教育孩子，却很少去赞

赏和鼓励孩子。真正看到孩子们在训练中合作的态度、进步的闪光点、好的行为，并描述出来，比一句“你真棒”更能让孩子体会到被认可的快乐，也就更加有内驱力去继续努力了。

如上面的案例所示，当家长认同孩子的感受，陪伴孩子自己思考解决办法，同时欣赏和肯定了孩子做出的决定时，我想，孩子一定感觉到了鼓励，因为最后他改变了自己的行为，更好地规划了自己的时间安排。

孩子正确行为的形成也遵循尝试错误和错误递减的规律，只要孩子的错误越来越少，做得越来越好，就是进步。爸爸妈妈对孩子的期望应符合这个规律，不要期望孩子的错误行为立即消失，要给孩子犯错和改正的机会。

家长日复一日地对孩子在细微之处的进步的描述和赞赏，将不断增加孩子内心的力量。

鼓励的力量有多大？如果孩子一直都知道“无论怎样父母都是爱我的”“无论怎样父母都是接纳我的”“无论怎样父母都是欣赏我的”，那么他的日常行为将更加趋于卓越发展。你会发现，孩子的动作越来越快了，写作业能够更加专心了，考试成绩越来越好了，就连书包和房间，都可以整理得井井有条。孩子能做到守时，能够规划自己的日常时间，能够实现自己的一个个梦想。这些经历和收获，都将在日后受到挫折和遇到困难的时候，给他们带来鼓励和力量，成为孩子自律、自立和自强的奠基石。

鼓励，往往就是一个句式，或者连语言都不需要，一个欣赏的眼神、一个拥抱就做到了。请种下一颗欣赏的种子，让它在孩子的心里生根发芽吧。

2.2 孩子拖拉磨蹭，家长发火的情绪如何熄灭

我们每个人都会有情绪，都会有感觉不好的时候。父母在面对孩子的拖拉磨蹭、不好好吃饭睡觉、写作业一拖再拖等情况时，难免会被惹恼。

可能一开始，父母还能跟孩子讲道理，接着就会说教、唠叨，控制不住情绪的时候，就会演变成指责、批评，甚至“狮吼”。

孩子们面对家长的大吼大叫，精神会变得高度紧张，进而影响到大脑的发育。如果孩子长期处于高压状态，容易形成自我否定的消极心态，做事或畏首畏尾，害怕受到批评责备；或行为乖张，跟父母对抗。

很多家长学员跟我反馈，其实每次发完脾气之后，自己都很自责和内疚，也痛下决心要对孩子平和，但是下次一遇到孩子拖拉磨蹭还一副无所谓样子的时候，就又急了，忍不住再次开吼。

孩子是通过模仿家长和周围环境来学习和成长的。如果家长经常“火山爆发”，那孩子呢？他们也会觉得爆发情绪是合理的，他们也会学会用情绪来控制家长，脾气也难免变得急躁起来。

“育儿先育己”，只有家长心态平和，才能帮助孩子建立情绪自控能力，让孩子开开心心进行时间管理的训练。所以，在儿童时间管理训练中，我们会花时间跟家长们梳理情绪，带领大家学习理解情绪和管理情绪的技巧。于是渐渐地，家长们发现，通过儿童时间管理的训练，孩子不仅会管理自己的时间了，亲子关系也在意料之外变得越来越好了。

家长的情绪管理技巧有很多，下面我将拿出在训练营中，家长们反馈最有用的三个方法分享给大家。

2.2.1 家长情绪管理秘籍一：不做100分妈妈，这样做自己感觉好

想象这样一个生活场景：某天你又加班一天，拖着疲惫的身体回家，本希望能够休息一下。可是，推开门，看到孩子在房间“磨洋工”，作业还有一大半没写，注定今晚又要陪读陪到很晚。此时此刻，是不是会有一股无名之火窜出来，特别想冲孩子吼一通：“你就不能长点心？把自己的时间管理好吗？”

在中国，即使有隔代老人帮忙，年轻的父母还是发现，一旦有了孩子，时间就不再属于自己了。父母担心孩子的未来没有竞争力，所以都在试图成为“超级父母”，恨不能参与到孩子生活的方方面面。家长们看了很多书，听了很多课，却还是担心自己做得不够好，担心不能让自己的孩子出类拔萃。

可是我们不仅是为人父母，而且还有其他社会角色，忙碌的工作和生活让自己身心俱疲，长期下去会导致身体失衡。所以家长们要照顾好自己，降低对自己的期待，才能有更多的情绪跟孩子相处。

我曾经对一位学员妈妈说：“你除了是孩子的妈妈，你还是你自己。”这位妈妈后来告诉我，因为这句话，她泪流满面。

如果人的精力有100分，50分花在孩子身上，就已经足够了。剩下的时间，20分留给爱人和家人，30分留给自己，努力让自己感觉舒适最重要。

少上一个早教班不会让孩子损失太多，而有对自己满意、对生活满意、心态平和的父母，才是对孩子最好的爱。而当家长心中有爱的时

候，与孩子进行的时间管理训练，才会变成真正的“亲子互动”，这样大人和孩子都不累。

2.2.2 家长情绪管理秘籍二：积极暂停，这样做孩子感觉好

有的时候，当情绪真的来了，我们不必压抑情绪，但是也不必冲孩子大吼大叫，非常好用的一个技巧就是“积极暂停”。

所谓积极暂停，是在对孩子发火之前，我们先觉察到自己的情绪，从现场暂时离开，去一个自己觉得舒服的环境中让自己慢慢平静下来。这也是先照顾好自己的表现之一。

当家长们可以学会积极暂停，有效调节自己的情绪，不对孩子发脾气，这对于孩子来说，也是一种很好的榜样。

积极暂停的目的，是平静下来再解决问题，因为解决问题需要冷静理智的大脑。在积极暂停的时候，家长们千万不要自己走到屋子里面，“砰”的一声关上门，这种冷暴力行为同样是在伤害孩子。

请记住，你要对孩子说：“你不遵守约定，还这样对妈妈大吼大叫，妈妈觉得很伤心也很生气，我现在没办法沟通，需要冷静一下。”这样，你或者回到卧室或者出门溜达溜达，让自己暂时离开现场，会是很好的方法。

我在实践中自己慢慢摸索，比较总结出一个最适合自己的积极暂停的办法。我会去洗手间照照镜子。当面对镜子，看到镜子里面自己那张有些狰狞有些痛苦的脸时，我就得以迅速进行反思：“这是我要让孩子看到的妈妈的形象吗？这是我要教给孩子如何处理愤怒的表现吗？”于是，在这样的反思中，我的情绪慢慢地平复。

还有一个很好的办法，就是在厕所放一本自己喜欢的书籍或者杂志，听一段自己喜欢的音乐，让自己放松一下，把自己的能量加满，才会有精力和更好的情绪面对孩子。有一位学员说，还有个方法对她很有效，就是在厕所里面的化妆台上放一张孩子婴儿时候的照片。这能提醒自己：他不过是个孩子，我应该给孩子做好情绪控制的榜样。所以，大家都可以自己去寻找适合自己的积极暂停的方法，一定做到先让自己平静下来，再去跟孩子一起想办法解决问题。

孩子的时间管理训练需要耐心，也需要家长保持平和的情绪与孩子沟通。积极暂停，这将是每个家长需要学习的技巧。

2.2.3 家长情绪管理秘籍三："我"句式，这样说大家感觉好

在孩子进行时间管理训练的过程中，家长会遇到很多挑战，我们一定要告诫自己，不要用批评打骂等方式来对待孩子，我们要接受孩子的不完美，让孩子在错误中学习。

面对孩子的"不配合"，家长可以尝试用"我"句式说出自己的情绪和感受，主动和孩子建立情感的连接，让孩子理解自己，让双方的感觉慢慢好起来。同时你也可以向孩子提问，引导孩子表达出自己的情绪。

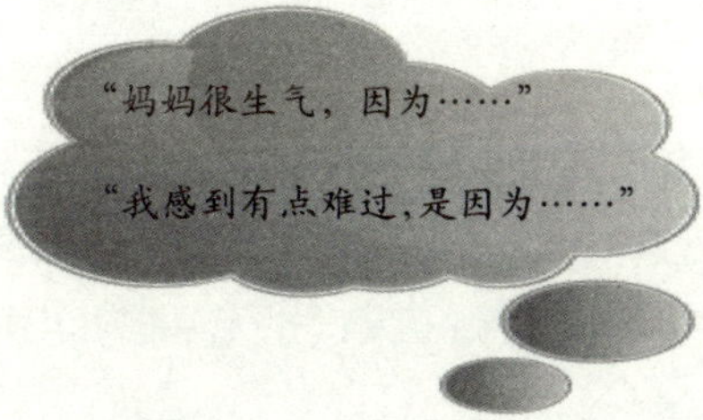

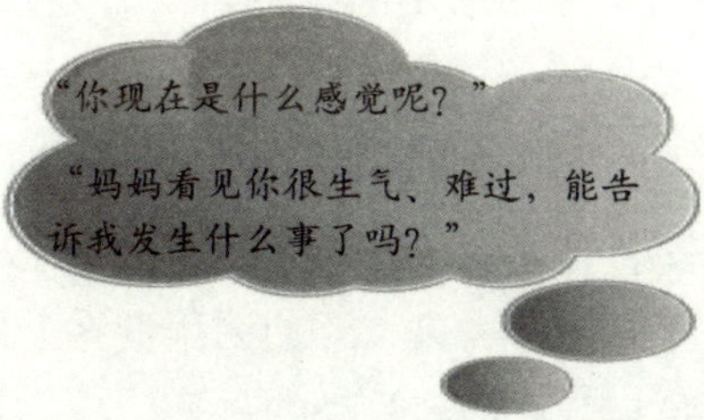

试想一下，如果孩子没有完成作业，家长说："你又没有完成作业，真够笨的。"相信孩子听完后肯定会觉得不舒服，继而萌生对抗心理。因为孩子被批评和指责后，本能反应是为自己辩解或者反击，很容易引发矛盾战争。

但如果，家长练习用“我”句式表达自己的情绪和感受，心平气和地和孩子谈一谈，孩子会很愿意分享自己没有完成作业的原因。

有情绪，我们要学会诚实面对，做到虽然生气，但不会失控。

当妈妈对自己情绪诚实，表达出自己的负面感觉时，孩子反而会觉得很有安全感。

在跟孩子一起做计划的时候，家长一定要向孩子传达对他的爱和理解，否则孩子只会感受到自己被毫无趣味的方法和冷冰冰的工具管束了。这样一来，即使采用世界上最先进的方法和工具，也无法培养出自信自立和自我管理的孩子。

情绪管理是我们每个人必须学习的必修课，在良好亲子沟通的基础上，时间管理的工具和方法才会发挥作用，让孩子高高兴兴学习，并且持之以恒，一生受益。

建议家长们自制一份“情绪记录表”，每晚回顾跟孩子的训练情况。

你会发现，父母平和时，孩子更容易配合训练。而且，通过记录表，家长也可以反思有没有更好的改进方法，不断尝试，找到适合自己和孩子的最佳相处模式。

情绪记录表	日期
我今天发火的事件： 今天去游乐园玩，说好了玩两个小时就走，可是到了时间，孩子怎么都不肯走。因为下午还要回公司，时间有些来不及，我冲孩子吼了，才一起离开游乐园回家。 我的感受是： 着急，焦虑，不耐烦。 我的想法是： 每次约定好，都不能按时去完成。 我说了什么： “现在立刻回家，再不走妈妈就要迟到了。” “现在马上就走，再不走以后妈妈不带你来游乐园了。” 今后可以怎么做？ 可以提前跟孩子做好约定，到时间之前提醒孩子时间快到了。 时间到了之后，和善而坚定地问孩子：“我们的约定是什么？”	

2.3 孩子性格各不同，用对方法巧沟通

每个孩子都是独一无二的，在儿童时间管理训练中，我们提倡根据行为心理学原理，分析不同孩子的天性。再根据孩子的天性，来制定切实可行的高效时间管理训练方法。

2.3.1 领导 / 力量型孩子

行为表现：

领导型的孩子，喜欢按自己的方式做事，很难听得进去别人的意见。我同事家的孩子就是这样，才 8 岁，您能想象出 8 岁的孩子是怎样的吗？一个字：拖。这还不算，两个字：霸道。这个孩子不仅拖拉磨蹭，而且他总认为自己是对的，即使犯了错，让他认错也几乎是不可能的。打他肯定不大合适，现在我们倡导要尊重孩子，不打不骂。但是孩子的执拗让爸爸妈妈非常累。这种孩子，如果问他："你怎么没完成作业呢？"他会比你还有理："我知道了，你别管了。"再催，不等家长不耐烦，他先发火了："你们就知道管我，我不写了，我不学了。"孩子会因为没有顺着他的意思而大吵大闹。父母快疯了，因为跟孩子好像永远

都像在做拔河比赛，永远在争谁对谁错、谁能赢。打不得，骂不得，这样的孩子，你是不是只能眼睁睁地看着他磨蹭呢？

训练方法：

这里介绍一个方法给领导型孩子的家长：给他掌控权和选择权，给他设定目标。

孩子不是喜欢赢吗，家长不妨利用一下他的好胜心。比如孩子写作业，家长可以在旁边放一个20分钟的沙漏，跟孩子说："咱们要跟沙漏比赛了。开始学习，时间不长，等沙子流完后就结束，好不好？但是你必须保证学习的时候要集中注意力！"

教给大家如何在中间提醒孩子，即三段式提醒。

当沙子流了一半的时候，家长可以简单提醒孩子："宝贝，请注意进度，你还有一半时间了。"以此来给孩子一种紧迫感。

当还有10分钟时，可以再次简单提醒："宝贝还有十分钟，加油哦！"

当只有3分钟或者5分钟时，再来提醒孩子："宝贝，还有5分钟就结束了，就快成功了！"

> 这就是三段式提醒，它的好处是什么呢？

1）仅仅是简单提醒，没有唠叨和说教，不会引起孩子情绪反感，孩子会很容易接受这些简单明确的指令；

2）三段式提醒有利于帮助孩子估计时间，集中注意力，尤其是最后两次的鼓劲，孩子会想，我再坚持一下就写完了，就会继续努力写下去；

3）这种提前提醒，比到了时间再跟孩子说“你看时间到了，你又磨蹭了，没写完”更容易让孩子在心理上提前做出预期，付出更多努力。

2.3.2 孔雀 / 活泼型孩子

行为表现：

这种孩子呢，大多数是热情型特质的孩子。他们特别喜欢团体活动，而且精力充沛，喜欢影响、说服别人，能言善道，嘴甜，会把爸爸妈妈哄得非常开心。但是也会特别情绪化，只要他的需求没有被满足，谁都别想好过。在他想玩的时候，你要他写作业，他就会不停地说：“一会儿，我一会儿就关电视。”“就一会儿，我马上就看完了。”“亲爱的妈妈，我最爱你了，求求你了。”常常你要么被孩子的糖衣炮弹打败，看一会儿，再看一会儿，今天的作业又得写到半夜。要么你发火咆哮：“给我写作业去！”孩子哭得梨花带雨，惊天动地，恨不得把顶楼和地下室的邻居都叫醒来你们家看看你是怎么虐待孩子的。

训练方法：

训练这种性格的孩子，有一个非常好的方法，就是给他找个同伴，因为这样的孩子非常不喜欢独处，当有同伴的时候，就会努力超前，以争取到家长的目光。比如，你可以邀请他的同学或者邻居的孩子和他一起来写作业。家长可以表情语气非常夸张地说：“嗨，小家伙，咱们要开始赛车了。我是你们的裁判，你们就是最棒的车手。但是，你们开的不是真正的车，而是要战胜今天的2页生词。写得快的小朋友，一定是今天的超级英雄，你们想不想做超级英雄呢？那好，我定下10分钟的闹钟，开始倒计时。Ready？ Go！”然后，爸爸妈妈就可以倒杯茶，看着报纸，微笑地看见你的宝贝奋笔疾书，争当第一。等他写完，他一定会拿着作业本飞奔过来，特自豪地说："妈妈你看，我棒不棒！妈妈，我最爱你了，你是世界上最好最美的妈妈。"很多妈妈到这里，就觉得我帮她们解决了很大的难题。但是仍然有一部分妈妈在发愁：找不到孩子一起做作业的同伴怎么办？我不记得哪位育儿专家说过非常有趣的一句话：父母是孩子最好的玩具。意思就是，父母可以给孩子最好的陪伴。所以，家长也可以暂时充当同伴的角色，比如，可以跟孩子说："这么多玩具要收拾。宝贝你可不可以陪妈妈一起来收拾？"这种类型的孩子会非常乐意来一起收拾玩具，因为他们喜欢有人陪伴一起做事情，而不是自己来做。

2.3.3 取悦/和平型孩子

行为表现：

这种性格的孩子情绪不那么容易反复，不是特别任性，也不顶嘴，但是，就是不声不响地磨蹭。妈妈说："宝贝，该写作业了。"孩子说："哦。"

妈妈再说："都过去半个小时了，你怎么还不写作业？"孩子说："哦。"都过去了1.5个小时了，妈妈再一看："乖乖，还没写一个字呢？"妈妈就会变得很急，说："你到底干什么呢，怎么还不写作业？"

而宝贝只会抬头，无辜地看着妈妈："妈妈我不会。"

如果家长脾气比较急，这个时候简直都要爆炸掉了。这样的孩子，一般沉默、随和，做事比较慢。喜欢老师把什么规范，需要做哪些练习都说得清清楚楚，明明白白。如果遇到自己比较喜欢的老师，就会特别喜欢上学，特别喜欢做老师留的作业，因为熟悉的环境、熟悉的人，会让他们感到特别安全。伴随的，是他们害怕改变，如果换了幼儿园，换了学校，或者换了老师，他们都需要格外长的时间来适应。

训练方法：

对待这样的孩子，有一个非常重要的技巧就是，花时间教授。

比如，你要教他做一道数学题。千万要每一个步骤都讲解清楚。要像庖丁解牛一样，花些时间，一步一步做给他看，这样他才能做出来。而且，对这样的孩子，家长一定要留一个心眼，就是跟老师保持好关系，请老师多多关照孩子，因为你的孩子往往会不了解方法没听懂也不敢发问，最后导致他因不会而拖拉，导致成绩差。这样的孩子，光是催促他，要求他加快速度是不管用的，而是要心平气和地问问孩子：“宝贝，今天的内容你都听懂了吗？今天的作业是否还有不明白的？”也就是你要关注他到底会不会，而不是快不快。如果你的孩子小，没上学，不需要写作业，你可以观察孩子日常习惯的时间管理。比如，孩子刚开始学习刷牙时，总是不肯，做起来拖拉磨蹭，令人着急。你要做的不是问我：“老师，我的孩子怎么那么慢，我该怎么办？”而是问问你自己：“刷牙的每一个步骤，我有没有拆分细致，有没有一步一步地教给孩子，反复确认，反复跟孩子一起来练习呢？”

当孩子从每一个小的步骤中获得成就感，到完成一整套步骤之后，就会获得巨大的内驱力。那么，他就会感觉“我能行，我可以”“我刷牙可以快一些，我写作业可以快一些”。

2.3.4 思考 / 完美型孩子

行为表现：

还有一部分家长，普遍反映他们家孩子做事挺有条理的，甚至连玩具也会摆放整齐。平时红汽车放在第二排，有一天妈妈没注意，放在了第三排，没到一分钟，就会被孩子发现，而当妈妈听见孩子哭声跑进来一看，却见孩子哭着说：“小红车，是放在第二排的。”

每一个格子，都必须放同一类的玩具，娃娃在一层，动物在第二层，球类在第三层。房间也格外整齐清洁。这类孩子有完美主义倾向。有位妈妈这样说他们家女儿："孩子画房子，楼下是5级台阶，画上就一定是5级。大门上如果贴着一张纸，画上就一定也会在门上贴一张纸。"

比如，他们写作文会先写到一张纸上，修改过后，再一个字一个字誊写到作文本上。如果中间有错别字，或者写得不漂亮了，他们就必须改正；改不了的，或者没改漂亮，也要撕了重写。

这样的孩子自尊心也强，要是妈妈说一句："你怎么这么慢啊？"可能还没说完，孩子委屈的泪水就涌出来了。

训练方法：

如果自家孩子是这样的特质，请千万要给他足够的时间，让他能完美地做好，不要一味催促。

这样的孩子特别适合做作息规划，让他有规矩可循，这样他会觉得很踏实，做事很有安全感，但是注意目标不要订得太高，不要让他觉得达不到，因为他们本身就会给自己很大压力。比如，如果孩子学习成绩是70分，不要给他的目标一下定到90分，这会给他带来很大的压力。可以从75分、80分，逐渐让孩子看到自己努力的结果，逐渐提高成绩，这样坚持下来，会有很大的惊喜。

说到这里，大概有的家长朋友会说："哦，原来如此，怪不得之前我跟孩子的时间管理没法做，因为没有注意到孩子的个性，所以孩子才不喜欢。"

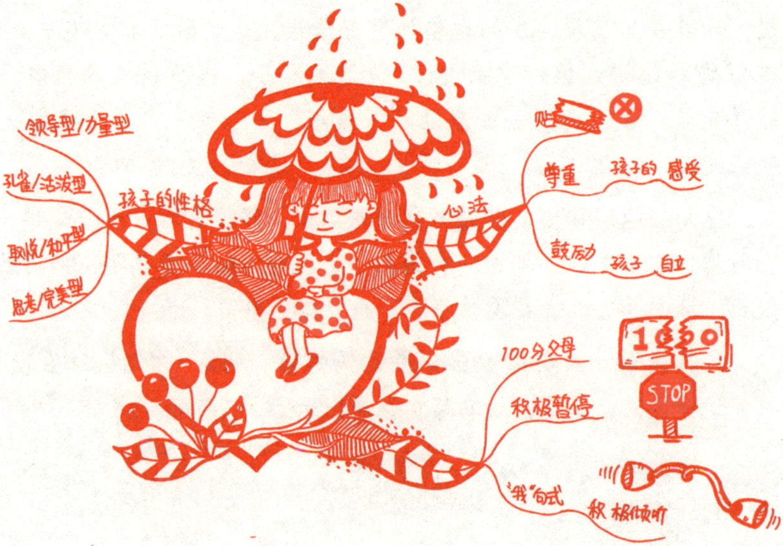
领导型/力量型
孔雀/活泼型
孩子的性格
取悦/和平型
思考/完美型
心法
贴
尊重
孩子的 感受
鼓励
孩子 自立
100分父母
STOP
积极暂停
“我”句式
积极倾听

2.4 学员反馈：学习时间管理的意外收获，是亲子关系更好了

我的儿子喜欢赖床，几乎每天早上，都会爆发亲子大战。

他哼哼唧唧不肯起床，我要竭尽所能争取在8:00前将他带出门，送他去学校。

在学习儿童时间管理之前，我试过很多方法，光是闹钟家里就买了十几个，最后都闲置了。孩子总是大声嚷着：“我知道你只想让我快一点，你根本就不爱我！”

听到孩子这样说，我既无奈又心酸。

带着期待，我报了儿童时间管理训练营的课程。第一次课，我的新世界就被打开了。

我才知道，为什么我们那么容易在早上发生不愉快。我急着送他去学校，这样自己就可以按时去公司打卡，所以我的心里总是充满焦虑，忍不住对他一直催促。

我一直想做一个事业和家庭兼顾的女人，这样100分的想法让我身心俱疲，也影响了我和儿子的关系，每次我一张嘴，他就非常反感地说：“你别催了。”

我决定修复跟孩子的关系。

我看着儿子的眼睛，真诚地说："妈妈感到很焦虑，因为担心如果我们不能在8:00出门，妈妈就会迟到，这会影响妈妈一天的工作。我希望我们可以一起想出办法，让我们愉快地解决这个问题。"

出乎意料，儿子眼里闪着光，连着点头，于是我们一起商量了怎样叫他起床的方式，可以让他觉得更舒服、更愿意起床。那个午后，我们相处得非常融洽。从那以后，只有少数的几次需要我来提醒外，其余时间儿子都可以遵守我们的约定。

原来让孩子改变、学习管理时间前，感情的连接如此重要。孩子感觉好，才能真的做好！感谢儿童时间训练营！

第3章
CHAPTER 3

生活习惯训练：让孩子早睡早起爱吃饭，作息精力好

3.1 一张“梦想板”，让孩子成为有目标的小天使

很多家长发愁，自己的孩子做事没有目标感，对学习没有动力，这是为什么呢？

一位时间管理的老师，曾经给我们做过一个测试。

她说：“下面有一张表格，请大家用1分钟迅速看一下。”

4	9	9	2	6	8	3	2	1	6
3	4	0	1	5	9	3	3	2	8
2	3	0	2	6	7	4	5	5	9
7	7	8	6	3	6	5	7	8	0

在表格下面还有一句话，写着：看手机和看电视是最大的“时间黑洞”。好像只是随便看了一会儿手机，或只是想看一会电视，一整天的时间就过去了。

停顿了一分钟，老师接着说：“好的，现在大家已经看完表格，

并且读完这句话了，接下来请大家不要再看题目，来回答我的问题。”

她问：“第一个问题，表格里面一共有多少个数字5？第二个问题，这句话里有多少个逗号？

听完两个问题，大家面面相觑，一下子都懵了。

老师笑了笑，说“这是很简单的问题，对吗？但是大家都很难回答出来，为什么呢？我们先不说答案，接着再来做一组测试。”

这时候，屏幕上又出现了刚刚的表格和那句话，老师说：“现在请大家带着我刚刚提出的问题，再来看这个表格和这句话，回答表格里面一共有多少个数字5？刚刚大家读到的这句话里面，有几个逗号呢？”

这次大家马上放松下来，感到“so easy”，很容易就找到了答案。

同样的表格，同样的一句话，但是带着问题和不带着问题来做测试，解答能力就完全不同，这是为什么呢？

这就是有无目标的区别。

孩子的人生就像上面的表格，一下子在面前出现，往往就让人感到茫然，不知道该怎么办。

如果我们很早就培养孩子的目标感，让孩子知道自己要找的“数字”，那么孩子们就可以把时间精力都用来关注这些“关键数字”而不走弯路，既不会把时间浪费在目标以外的事情上，也不会做与目标背道而驰的事情。

成人在工作中，都会制定年度目标。我们不妨坐下来，跟孩子分享一下自己的梦想，自己对工作和生活的目标和规划。不要以为孩子一点都听不懂，实际上他们非常渴望了解爸爸妈妈的世界。

当孩子对梦想感兴趣时，家长可以跟孩子谈谈他们的梦想是什么，跟孩子一起制作一张他们的“专属梦想板”。

梦想板，就是把孩子中长期（可以先从一年目标开始）要实现的愿望和目标具象化、视觉化，让孩子产生画面感。把抽象的梦想变成看得见、摸得着的画面，挂在家里醒目的地方，可以随时提醒孩子专注做要做的事情。

生命的伟大秘密之一就是吸引力法则，它提到实现梦想的一个强效方法就是视觉化，越是将梦想中的画面幻想出来，视觉越真实，实现的可能就越大。

那么，对于孩子来说，特别是学龄期的孩子，怎样来引导他做出属于自己的梦想板呢？

案例：用梦想燃爆孩子的学习动力

涛涛是一个4年级的男孩，他拖拉磨蹭的毛病一直是妈妈的心病，成绩也不是很理想。如何让涛涛开始管理时间，提升成绩呢？涛涛的妈妈决定试一试新方法。

周三家庭会议的时候，妈妈问涛涛：“你最佩服的人是谁啊？”涛涛脱口而出：“马云。”妈妈饶有兴趣地问：“为什么是马云呢？”涛涛说：“我看到他演讲的时候，好酷啊！我也想当演说家。”妈妈笑了：“是吗，我们涛涛的梦想真的很棒，想当一名演说家呢！”

妈妈又问：“涛涛，这个梦想可不是那么容易实现的。”

涛涛一听，说：“那我要想像马云那样是不是就要学习好呢？”

妈妈说：“是的。如果你的梦想是成为马云那样优秀的演说家，学习成绩就要提升才行。”妈妈又追问：“涛涛，想一想，现在你的梦想还是这个吗？”

涛涛想了想，瞪大眼睛，坚定地对妈妈说：“是的，妈妈，我的梦想不变。”

妈妈点点头，说：“好，涛涛有这样远大的梦想，妈妈相信你，你一定能够实现。”

涛涛开心地说：“太好了！”

妈妈说：“涛涛，要想成为演说家，需要先提升你的成绩。我们要怎么做呢？这个学期的成绩提升30分怎么样？”

涛涛毫不犹豫地说：“好！”

妈妈和涛涛一起画出了涛涛的梦想——成为一名演说家，新学期提升30分的成绩，锻炼身体，参加小主持人演讲兴趣班……

认真地画出自己的梦想板后，涛涛兴奋地把它挂在了卧室最明显的地方。

每当涛涛学习溜号的时候，妈妈都会指一指涛涛的梦想板，小声提示：“小小演说家，请专心哦。”涛涛会心一笑，便低头接着写作业了。

涛涛的改变来自于梦想的力量。梦想和目标是什么呢？按《七个习惯》这本书里说的，是要确立个人的“使命宣言”，说明自己想成为怎样的人，成就什么样的事业（贡献和成就）。通过确定梦想，确定当下最重要的事情，再制定切实可行的行动方案，这就是“以终为始”。

一旦孩子有了梦想，就像插上了使命的翅膀，会自然而然地体会到时间的宝贵。

3.2 要事第一，今天你的孩子“吃青蛙”了吗？

很多时候，我们看到孩子在浪费时间，慢吞吞吃饭，慢吞吞穿衣服，慢吞吞写作业，其实是因为家长并没有教给孩子时间管理的要点——要事为先。

孩子们在做时间管理的时候最容易犯的一个错误，就是罗列出任务，但却不进行排序，这样，他们做起事情来往往就随心而为，没有主次和轻重缓急。

按照时间管理大师史蒂夫柯维《高效能人士的 7 个习惯》里的思想，只要我们教会孩子按照事件的重要性和紧急程度排出优先顺序，就能够保证以终为始，实现孩子人生的梦想和一个个重要目标。

案例：孩子不着急写作业，都是不会“排序”惹的祸

在进行儿童时间管理训练之前，妈妈对清清的评价是：“行动总是慢半拍。”清清家经常出现的情况是，临出门要赶时间，妈妈急得不行，催促清清，清清却在不慌不忙地整理玩具。

放学回家，妈妈要求清清先写作业。清清却一屁股坐到沙发上，懒

洋洋地说："不急，不急，让我歇一会儿。"然后打开电视，看了一集又一集的动画片，直到妈妈发了火，才不情愿地关掉电视，垂头丧气地走进卧室，还边走边嘟囔："就知道催催催，过一会儿再写不一样嘛！"

涛涛的案例非常典型。学龄前的孩子，可能对先做什么事情并不清晰，对排序重要性的需求也没有明显的意识，等上了小学、初中、高中后，作业越来越多，学业压力越来越大，才会被各种事物压得喘不过气来，家长看在眼里，也会非常着急。

启发故事：25 万美金的故事

效率大师艾维利曾经创造过一个奇迹，让美国一家钢铁公司从濒临破产，一跃成为当时世界上最大的私营钢铁企业，同时，他获得了25 万美金的咨询费。

他是如何做到的呢？

这家钢铁公司的总裁会见艾维利后，艾维利信心满满地说自己完全有能力帮助这家公司管理得更好，甚至说，在10 分钟之内，就可以提供一个可以使钢铁公司的业绩提高50%的方法。

接着，他递给总裁一张空白的纸，请他在纸上按照重要性写下第二天要做的6 件大事。接着，艾维利说："现在，你需要做的只是把这张纸放进口袋直到明天早上。明天你要做的第一件事情就是把这张纸拿出来，不要看其他的，只做第一项。然后用同样的方法做第二件事、第三件事，直到你下班为止。即使你可能用一天的时间只做完了第一件事，那么也不要紧。因为你已经做完了最重要的事情。"

结果发生了什么呢？

几个星期后，总裁给艾维利寄去一封信，同时附有一张25 万美金的支票。

据说，后来这家小小的钢铁厂，在5年的时间内，就一跃成了世界上最大的钢铁公司。

这个故事说明，做事情要先从最重要的事情开始做，即要事为先。

博恩·崔西在《吃掉那只青蛙》一书中提出了“吃青蛙定律”，帮助我们养成优先处理重要任务的习惯。

什么是吃青蛙呢?

曾经有一句谚语说，如果你每天早上醒来做的一件事情是吃掉一只活的青蛙，你就会欣喜地发现，在这一天接下来的时间里，将没有什么比这个更糟糕的事情了。

这只“青蛙”就意味着你最艰巨、最重要的任务。如果你必须吃掉两只青蛙，那么要先吃那只长得更丑的。

=最艰巨、最重要的任务

即，如果你面临两项都很重要的任务，应该先处理更艰巨、更困难、更重要的那一项。这种优先处理完成重要任务的习惯会给你带来立竿见影的好处，也可能是持续性的回报。

所以，家长要培养孩子的判断力，让孩子养成排序的习惯。孩子们在行动之前，安排好事情的先后顺序，先从最重要的事情开始做起，行动的时候就会更加有目标感，事半功倍。

在沟通中，父母要多倾听孩子排序的理由，多用问句来启发孩子思考，而不是替孩子做主，一股脑儿排好了顺序，让孩子被动接受。

再举个例子：

循序渐进地去培养孩子排序的思维，多跟孩子沟通决定，不仅会让家长更理解孩子的感受和想法，也能够让孩子在思考中学会反思。

3.3 时间管理工具大汇总，你家都准备了吗？

“工欲善其事，必先利其器”，可以让孩子用工具对时间进行管理，而不是父母作为“计时器”，不断地去催促孩子、提醒孩子。不过，不同的年龄适用的工具不同。

让我们一起认识一下时间管理的工具，有沙漏、番茄钟、电子手表、闹钟、计时器和钟表等。

沙漏：时间管理的入门工具，特点是看起来直观，而且形状各异，有趣味性。可以用于培养孩子关注时间、在规定时间完成任务的习惯。也可以用来替代番茄钟，培养孩子在一定时间内专注做事的能力。

闹钟和计时器：帮助孩子了解做一件事情需要的时长，记录孩子的时间花费，用于孩子的生活管理，让孩子跟时间做朋友，跟时间“赛跑”。

钟表：家里可以多放置几个钟表，尤其是有“滴答”声音的钟表，可以提醒孩子查看时间，增强孩子的时间观念。

电子表：功能跟钟表相近，同时可以随时随地提醒孩子关注时间。

番茄钟：用于“番茄工作法”的训练，培养孩子的专注力。

家长们在选购这些工具的时候，可以尽量选择造型可爱、设计有趣的工具，增强时间管理的趣味性。

根据不同工具的特点和孩子的年龄，推荐按照下面的分类运用工具对孩子进行时间管理的训练：

3 岁以下	3 岁～6 岁	6 岁～12 岁
沙漏	沙漏	沙漏
闹钟	闹钟	番茄钟
计时器	计时器	闹钟
	番茄钟	计时器
	钟表	钟表和电子表

3.4 三个时间感知训练，让孩子守时不拖拉

要想让孩子管理好时间，需要培养孩子的时间观念，只有当孩子们爱上跟时间“赛跑”，才能养成守时、不拖拉、有效利用时间的好习惯。

3.4.1 训练一：家有“飞轮钟”，边玩边学认钟表

教给孩子认识时间，感知时间，可分为 3 个阶段。

① 第一个阶段：3 岁以下的孩子，可以从基本的生物钟开始训练，也就是简单地先从上午、下午、清晨和晚上这样的时间概念开始训练。

② 第二个阶段：3 岁～ 6 岁的孩子，家长可以把“具体的时间”和“事件”结合起来，就会让孩子慢慢培养时间的概念，把生活跟时间联系起来。

家长可以说：“现在是早上 7:30，到我们用早餐的时间了。”

或者说：“已经 9:20 了，还有 10 分钟，就到睡觉的时间了。”

孩子 3 岁～ 6 岁的时候，沙漏、闹钟和计时器都是不错的工具。

一开始，让孩子知道刷牙 3 分钟是很难的。不如准备一个 3 分钟漏完的沙漏，然后说：“沙漏没有漏完之前，宝宝刷牙不能停哦。”

准备一个5分钟沙漏，对孩子说："妈妈现在开始计时，我们来看看穿好衣服和鞋子要用多久。"

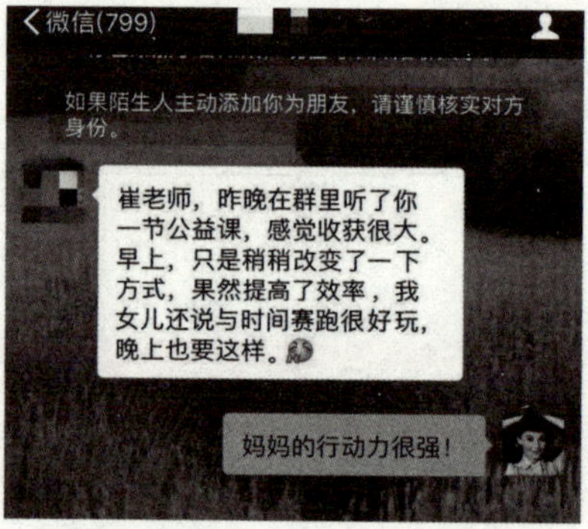

在看电视之前，可以把一个20分钟的沙漏放在电视机旁，跟孩子约定好，说："这个沙漏漏完了，我们就该关上电视了（闹钟也是适用的）。"

也可以跟孩子通过绘本认识时间，让孩子在快乐阅读中认知时间。

③ 第三个阶段：6 岁～ 12 岁的孩子，家长可以教孩子认识时钟，从认识时针和分针开始。

家长可以告诉孩子："短针表示小时，叫作时针。长针表示分钟，叫作分针。一个小时就是短针走一小格，当短针走到数字 6 那里的时候，就到我们吃晚饭的时间了。"

或者说："一分钟就是最长的那根针走一小格，你自己玩五分钟，妈妈就来了。"

为了让孩子更好地理解钟表的分钟数，可以跟孩子一起来制作一个"飞轮时钟"。

家长跟孩子一起做一个手工，剪出飞轮的轮子形状，写上相应的数字，这样还就能认出分钟了。孩子只要一看见这个"飞轮时钟"就可以准确说出几点几分。

还有一个孩子们非常喜欢跟妈妈一起玩的游戏是：妈妈拨弄时针和分针，孩子来说出时间，每一次孩子都玩得很开心，家里都会充满笑声。有的时候，妈妈故意说："哎哟，现在是几点钟呢？"孩子会赶紧跑到钟表前面，大声告诉妈妈："现在 8 点了，我们该出门了。"

孩子认识钟表的过程中，需要家长多给一些耐心，手把手地去教。当孩子把看时间这件事当作特别开心的一件事，经常给家长报时间，也会觉得很有成就感。

3.4.2 训练二：“定时定量”小训练，培养孩子时间感

让时间管理变有趣的有效方法就是玩游戏，设定好计时器，让孩子在规定的时间内去完成一项任务，让他们在玩乐中慢慢培养出时间感，并估算任务时长的能力。也为后续的训练打下基础。

比如孩子在写作业专注力训练中，需要孩子预估一项作业需要的时长。或者，孩子在考试中，如果可以对自己答题的能力心中有数，做好时间分配，就会避免答不完试卷的情况了。

设定 5 分钟，看看孩子能写多少生字；

设定 5 分钟，让孩子削铅笔，看看可以削几根铅笔；

设定 5 分钟，让孩子完成拼图游戏；

设定 5 分钟，让孩子阅读课文，然后看 5 分钟可以读多少课文；

让孩子来感知，同样是 5 分钟，可以做哪些事情；时间到了，让孩子回顾一下，刚刚做了多少事情。

或者改一下游戏规则，给孩子规定任务，看看孩子需要多少时间能完成。

教给孩子刷牙的动作，让孩子猜猜自己刷牙需要多少时间，然后让孩子自己尝试之后，再来看计时器的时间，差距是多少；

给孩子准备几十道加减法口算题，让孩子来感受，每次做10道题需要多长时间；

让孩子快速书写数字，比如，0 ~ 20，0 ~ 50，0 ~ 100，让孩子体会完成这些任务需要的时间；

也可以进行距离的训练，比如从家走到学校的路程，需要多长时间。

家长做好记录，让孩子看到自己经过训练之后，逐渐需要的时长减少，逐渐看到练习的作用。

3.4.3 训练三：时间花费要记录，揪住偷走时间的“牛磨王”

如果你问孩子为什么拖拉磨蹭，是否知道时间去哪儿了，孩子一定很茫然，摇头说不知道。

因为孩子没有意识去关注时间，以及关注时间是如何悄悄溜走的，自然就无法得知自己是如何浪费时间的。

李笑来老师《把时间当作朋友》一书中，写到著有《奇特的一生》的作者，俄国作家格拉宁对时间的敏感度令人发指的故事，他一生都在做时间的记录，甚至精确到分钟。

记录时间日志，在儿童时间管理训练中，我们称其为“揪住牛磨王”，通过引导孩子来记录时间，孩子才会学会反思自己每天到底做了哪些事情，都花费多少时间，到底拖拉磨蹭的“牛磨王”出现在哪儿。

具体的步骤是：

① 步骤一：选择要记录的一日重要的时间段，比如早起，放学回家到睡前的时间段等。

② 步骤二：跟孩子讨论要记录的时间段中要做的事情并写入记录表中，比如早起：起床，穿衣，刷牙洗脸，要早餐，出门等。

③ 步骤三：记录时间，孩子每完成一件任务，就把开始的时间写入表格。

④ 步骤四：孩子完成全部任务之后，一起计算每一项任务所需要的时间。

完成以上步骤之后，家长跟孩子一起讨论每一项时间开销是否合理，标注出时间花销不合理的项目。然后跟孩子一起分析，慢吞吞背后的原因是什么。

1. 确定训练的时间段
2. 讨论该时间段的任务
3. 记录每一项任务实际发生的时间
4. 计算每一项任务实际花费的时间

以上“时间日志”记录的好处是什么呢？

首先，让孩子看到时间去哪儿了。

当家长批评教育，告诉孩子不要浪费时间得守时，孩子并不知道自己的“慢”是慢在哪里了。通过记录的可视化呈现，孩子会发现自己穿衣服用了15分钟，吃饭用了半个小时等，就会自觉地加快速度了。

其次，记录是反思改进的基础。

通过记录，才看得到哪里做得好，可以继续保持或者发扬光大。也能看到哪里做得不够好，还可以通过训练或者改进方法节约更多的时间。

最后，时间记录表会说话。

时间记录表和其他时间管理工具一样，替代了父母催促孩子的手段，让孩子真实地看到自己的时间管理情况，自觉形成时间管理的意识。

当孩子通过一段时间的训练，再来做记录表的时候，看到自己在时间规划上有了很大进步，内心会非常有成就感。这时候，记录表就像会说话的小伙伴，告诉孩子：“真棒，你有了很大的进步呢！”

3.5 培养生活好习惯，只需“日常作息表”

孩子的生活习惯培养要及早进行，一方面，孩子早睡早起的生活作息，对成长发育有好处；另一方面，生活习惯也会影响到孩子今后的学习习惯，好习惯会延续，坏习惯也会蔓延。

本节会介绍让孩子乖乖吃饭、睡觉的一些技巧和游戏化方法，供家长朋友们参考和实践。同时，还将介绍时间管理中的清单化管理，通过科学的时间管理技巧，解决孩子生活习惯拖拉磨蹭的难题。

3.5.1 早睡习惯巧训练，睡眠充足精力好

在孩子睡觉这件事上，很多父母都很抓狂。都很晚了，孩子还是嚷着不睡，要再玩一会儿。

即使躺在床上，也是翻来覆去，哼哼唧唧不肯睡觉……

古人有云：日出而作，日落而息。这是很有道理的，符合人类生物钟的规律。而孩子晚睡的危害则很多。

1）影响身体发育

夜间是生长激素分泌的高峰期，孩子晚睡，减少了生长激素的分泌，自然会影响到身高发育。

孩子晚睡，大多也会晚起，白天接受日晒的时间就会减少，少了日照中的维生素 D，也不利于身高发育。

2）影响孩子抵抗力

处于睡眠状态时，人体器官开始修复，免疫力也会得到提高。相反，如果孩子长期晚睡，身体抵抗力变弱，必然容易受病毒、细菌的侵袭，容易生病。

而且，长期晚睡或者睡眠不足的孩子，情绪容易不稳定，脾气会比较暴躁，往往做事也缺乏耐心。

我家小朋友基本每天 9 点就上床睡觉了，同时，经过儿童管理训练的孩子，在睡眠上也有了很大改善。现在将方法分享给大家，大家可以一一尝试，选择最适合自家孩子的方法。

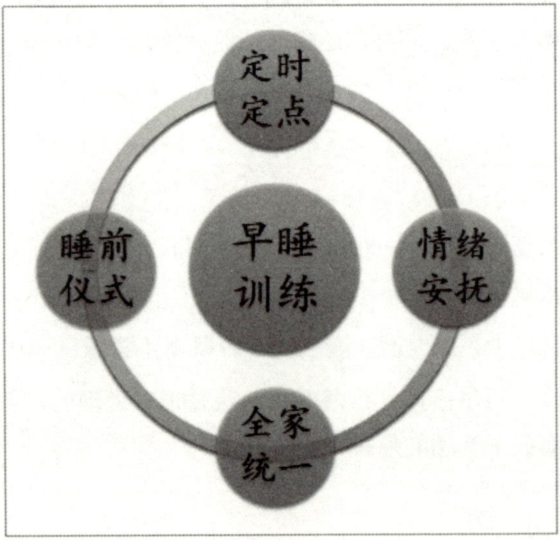

1）定时定点睡觉

有些人认为，孩子不睡是因为不累，玩累了就睡了。这个说法不科学，因为，在孩子玩累的这个过程中，是以消耗掉孩子全部精力为代价的，这样对孩子的身体很不好。

建议给孩子规定固定的睡觉时间。比如规定孩子 9 点要上床睡觉，那么 8 点半的时候，就要试着让孩子静下来，进行睡前准备了。

人体是有记忆力的，经过训练，孩子的生物钟每天到了固定时间就会告诉身体：该睡觉了。

2）睡前情绪安抚

家长可以安排晚饭后跟孩子一起散步，一方面能够帮助孩子消化食物；另一方面，通过饭后散步，可以让孩子适当玩耍，睡觉时就不会因为没有出去玩而总惦记着了。孩子睡前要避免剧烈运动，否则容易引起孩子太兴奋而睡不着。

孩子的情绪也会间接反应在睡眠品质上，而且，白天大人都忙于工作，孩子也在学校，到了晚上，孩子当然会贪恋那一段和父母亲昵的晚间时间，所以，用散步时间加强亲子交流，增进亲子感情，不仅让孩子身心愉悦，也能帮助孩子改善睡眠。

3）全家统一睡眠时间

很多家长自己到了深夜还在刷朋友圈，就别指望着孩子能早睡了，因为孩子都是有样学样。

如果想让孩子早睡，最好全家统一睡眠时间，到了睡觉时间，大人可以当着孩子面关灯，让孩子知道所有人都要睡觉了。当然，有的时候，大人晚上必须有工作要做，至少请在孩子到了睡觉时间时，先暂停手上的工作，等孩子睡了以后，再开灯做自己的事。总之，要给孩子营造一个适合睡眠的环境。

4）睡前仪式

具有仪式感的行为就像一个开关，可以帮助孩子切换到睡眠的频道。我每天晚上都会在睡前拥抱孩子，因为拥抱传达给孩子的是安全感和爱。同时，跟孩子说："晚安，我爱你。"

这些特定的动作和语言，会形成生活的一部分，到了固定的时间，就像在提醒孩子的潜意识：该睡觉了。

3.5.2　早起习惯巧训练，再也不用妈妈吼

赖床是很多孩子都会有的毛病。

早上怎么叫都不起，眼看着要迟到了，孩子才磨磨蹭蹭地起来。

因为起床晚了，孩子烦躁，出门前的一切准备工作都变得又忙又乱……

如何解决孩子早起的问题呢？同样提供 3 个方法给大家，这是被几万家长实践过，好评如潮的方法。

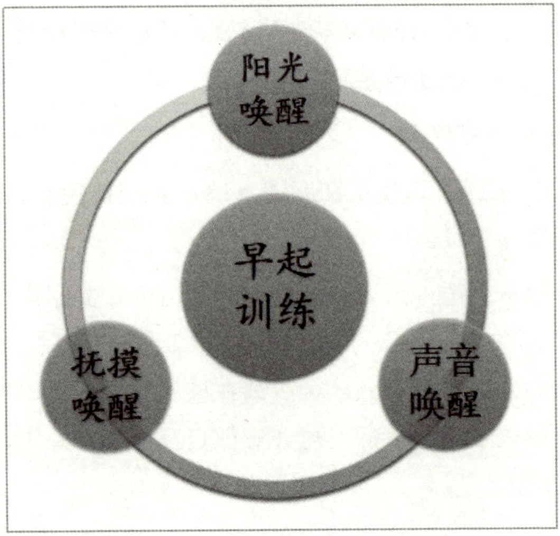

1）阳光叫醒法

人的睡眠是从入睡到浅睡眠再到深睡眠的。同样早上起床，是从深度睡眠到浅睡眠，然后醒来的一个过程。如果孩子还在深度睡眠，本来睡得正香，被家长这个时候叫醒，就会很恼火。

所以，我一般在孩子应该醒来时间的前15分钟，拉开窗帘，用自然的光线唤醒孩子。人类从远古时代，就是被光线叫醒的，光线会唤醒视觉系统，再由它传递信号给潜意识，并叫醒脑部，启动四肢。这是最自然的一种醒来方式，既安全又有效。

2）声音唤醒法

为了让孩子慢慢醒过来，而且身心愉悦，我还尝试过音乐唤醒，选一些舒缓的乐曲，并用小一些的音量，通过听觉系统传达信号给脑部，让大脑醒来。

也试过用一些特殊环境音，比如清脆的几声鸟叫或者小溪潺潺的声音。

最有效的方法是，选择播放孩子平时喜欢听的故事，会有意想不到的效果。因为这些故事是孩子平时比较喜欢，甚至是可以背下来的，在清晨放给孩子听，她就很喜欢，有的时候，甚至还会随着播放的声音就开始跟着讲故事。

3）抚摸叫醒法

家长可以尝试在孩子早起的时间，用温暖的手抚摸孩子的后背，让孩子在身体的接触中愉悦地醒来。

如果孩子自己醒了，还在赖床，哼哼唧唧地不高兴，我会马上走过去，张开手臂，拥抱孩子。

总之，用孩子觉得舒服、感到安全愉悦的方式去叫醒孩子，让一天都充满爱的味道。

3.5.3 吃饭习惯巧训练，不拖不磨不用愁

很多家长纳闷，怎么现在的孩子吃饭那么费劲呢？

挑食，一坐到饭桌前就这不吃那不吃；

吃得慢，一口饭能嚼半天，往往一顿饭要吃近一个小时……

如何让孩子养成乖乖吃饭的习惯呢？

1）固定饭点

尽量做到吃饭时间固定，而且到了吃饭时间，全家人都要到饭桌前就餐。规定好吃饭的时间或者规矩，比如全家都吃完，并且收拾走碗筷之后，如果孩子还有想吃的欲望，可以继续给他吃。但如果已经出现分心、爱玩的情况，就应该要结束用餐了。在下一顿饭之前，也不要给孩子加餐。体会过饥饿后，孩子基本不会再挑衅规则。

这样，孩子会养成适时适量的吃饭习惯。

2）少盛多添的方法

有些家长认为孩子吃得越多越好，总是给孩子盛满满一大碗。孩子看见那么一大堆的食物就有压力，胃口自然就消失了。吃饭慢的孩子，碗里不能盛得太满，应采取少盛多添的方法，来消除孩子视觉上的恐惧感，让孩子在心理上产生优势。

增加孩子的活动量，肚子真正感到饿了，自然不会抗拒吃饭。

3）不分散注意力

最主要的就是要把孩子的注意力集中在吃饭这一件事情上面，吃饭的时候不要让其他事情分散孩子吃饭的注意力，比如边吃饭边看电视等，把孩子最喜欢的活动或游戏等安排在饭后进行，告诉宝宝好好吃饭的重要性。

提供宽松愉快的用餐环境。用餐的环境十分重要，用餐时给孩子播放一些轻音乐，让孩子保持愉快的心情进行用餐，切忌在餐前或用餐过

程中批评孩子，造成用餐氛围紧张。

3.5.4 日常作息表，“清单化”的时间管理魔法

我们成年人在工作中，因为每天都有很多事情等着做，往往习惯列出重点工作清单，来给自己的工作排排队，这有点像银行的“叫号机”。你会发现实施了一段时间后，工作效率会有显著提高。

这其实就是清单化管理，把要做的事情一一列出，明确任务的主次，确定先后顺序，并注明时间，力求在规定时间内完成清单上的任务。制作一张有时间、有做事顺序、每天例行要做的重要任务清单，就是“日常作息表”。

对儿童时间管理而言，初期的训练针对分段时间更加适当，让孩子逐渐适应一段时间内连续事件和时间的关系。

为什么要教会孩子清单化管理呢?

我们成人也会有这样的感受，当每天醒来，不知道要发生什么、要做什么的时候，心里会没底，觉得失去了掌握现状的能力。

孩子也是一样，如果父母不去帮助孩子做刻意训练，是很难理清自己每天要做的事情，和要完成的时间的。尽管在父母眼里，这是每天必做的事情，孩子应该记住。

日常作息表，就是帮助孩子理清大多数的日常任务，让孩子心中有数，自己掌握规则，参与制定。用工具来让孩子自律，自愿去执行。很多家长都反馈，日常作息表终于解放了家长，让孩子能够自己管理自己的时间了。

建议先从分段时间的日常作息开始训练，孩子适应之后，整合为一日作息表，或者采用下一章即将介绍的“一日时间饼图”，也是不错的选择。

日常作息表的制定步骤：

① 步骤一：确定训练的时段，父母巧用平衡轮。

家长常常觉得孩子拖拉磨蹭，主要会在四个时间段发生亲子大战：

- 早上起床磨蹭，叫一遍不动，叫两遍不动，再叫就开始哼哼唧唧；
- 吃饭的时候磨蹭，叫半天才慢腾腾过来，还挑食，这不吃那不吃；
- 写作业更头疼，一个小时的作业，有大半时间用于溜号、玩铅笔、上厕所；
- 晚上睡觉磨蹭，一会儿要玩游戏，一会儿要读绘本，总之就是不想睡觉……

到底应该从哪个时间段开始训练呢？不妨尝试平衡轮小工具。

做一个简单的评估，画出平衡轮，能够很直观地帮助大家看清楚自己孩子的拖拉磨蹭应先从哪个角度开始纠正。

首先画一个圆，在圆中心画一个十字，在十字的每一个角，标注早起、吃饭、早睡、作业（或者其他方面的生活或者学习习惯）。

然后请你在每一个十字线上打分，0分～10分，给你家的孩子拖拉磨蹭严重程度打分。

打分之后，从分数最少的一项开始训练，也就是从拖拉磨蹭最少、改变阻力最小的一项开始训练。

有人会问："为什么要从得分最少的项目开始训练呢？"从最容易改变的那一项开始，最容易让孩子接受，先易后难，当孩子看到由于自己高效而省出时间的好处后，心生成就感，才会更有动力去攻克下一座时间管理的“山峰”。大家一定都知道“多米诺骨牌”，其原理就是一张牌倒掉之后，其余的牌也被顺势推倒。孩子的习惯培养也是同样的道理，习惯是可以迁移的，当把孩子的一段时间管理训练做好后，就会带动孩子把好的习惯迁移到做其他事情上。

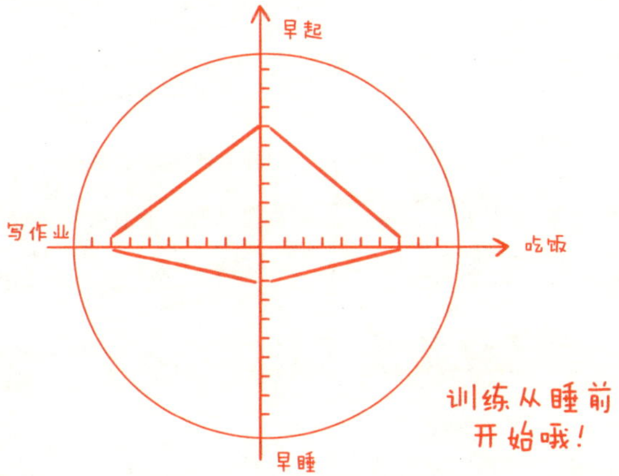

② 步骤二：亲子头脑大风暴，列出任务清单。

日常作息表的制定内容一定是由父母和孩子讨论决定的。如果制作的是“睡前作息表”，妈妈就请孩子来罗列睡前他应该做哪些事情，比如孩子可能会说“洗脸、刷牙、洗澡、听睡前故事等”。

妈妈只管记录在白纸上，如果有遗漏的话，等孩子实在想不起来了，再启发孩子思考，稍加补充，并得到孩子认可后，一并记录在白纸上。如果孩子愿意自己写或者画出来，也请父母让孩子自己来记录。孩子参与得越多，就越愿意跟着管理表走，因为那是属于他的管理表。

学习列清单的初期，孩子的思路可能会比较混乱，想法也比较多，会把想到的都罗列出来，这时家长要引导孩子思考，把清单的内容分为两类，即“必须做”和“想要做”。原则是保留“必须做”清单的内容，如果还有时间，再挑选“想要做”清单里的内容，把提炼出的清单作为最终任务表。

“必须”和“想要”这两者不一定冲突，如果能合理安排时间，确立好目标和做任务的优先顺序，就能完成很多“必须做的事”和“想要做的事了”。

当孩子有时间去做“想要做的事情”的时候，更感觉到时间管理的乐趣，也将更有耐心和动力去先做“必须要做的事情”。

“必须做”和“想要做”的清单可以用不同颜色、不同符号来表示，也可以用不同的便笺纸来区别开，目的是让孩子进行区别，合理规划时间。

③ 步骤三：要想做事有条理，任务排序有先后。

家长来引导孩子：“你先做哪个？后做哪个？”

孩子会尝试去排个顺序，这个时候，家长不必评判孩子的排序，比如孩子要在洗脸、刷牙后，再玩一会乐高或讲故事，然后才是睡觉，没关系，都是可以的。

培养孩子时间管理的观念，很关键的一点是家长要交出部分选择权，让孩子有掌控感、体会独立自主的乐趣，才能逐渐培养出成就感和责任感，并从中对自我产生深刻的认识，这样的时间管理习惯一定会让孩子终身受益。

如果孩子在排序过程当中犯了错误也没关系，让他去体验，也可以从错误中学习到一个好经验。

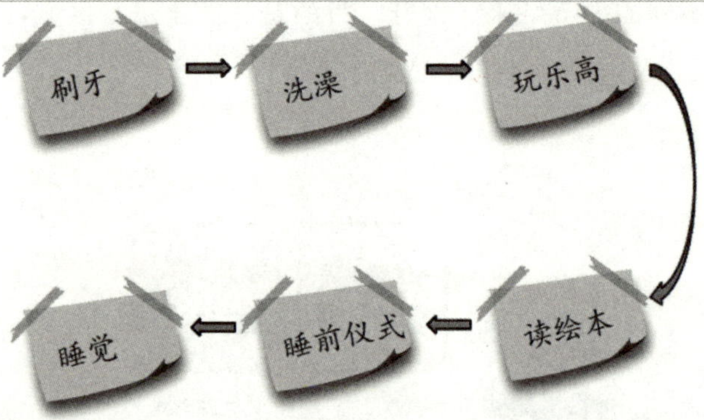

④ 步骤四：估算任务需时长，目标倒推做计划。

当孩子对做事顺序有了了解后，可以加大难度，由孩子来标注他完成每一项任务的时间。经过对时间感知的训练（本章第 3、4 节），孩子已经能够大概知道自己做每一件事情所需时间了。如果不知道，家长可以在尝试日常作息表训练之前，先跟孩子做一些时间估算的训练。

我们要引导孩子养成根据目标来养成倒推行动时间的习惯。一旦确立了行动时间，家长便可以提醒孩子："8:30 了，我们要开始做睡前准备了。"

不要小看"倒推"时间这项技能，这样就不会出现明明知道 9：00 要出门，以为 1 个小时的时间很充裕，吃饭却用了 30 分钟，洗漱用了 20 分钟，又玩了一会儿，最后迟到 20 分钟急急忙忙出门。养成倒推时间的好习惯，为孩子以后做复杂的日程计划打好时间管理的基础。

- 估算每一个步骤要花费的时间
  （睡前6个步骤：花费30分钟）
- 确定截止时间
  （目标：晚上九点睡觉）
- 确定行动开始时间
  （倒推时间，8:30开始下一步行动，如刷牙）

此时，建议家长适当给孩子延长一点时间，并留有余量。孩子用“定时定量”的小游戏，会喜欢跟时间赛跑，即使这样，也不一定保证每件事都能“掐时间”做完。

给孩子足够的时间，让孩子能稍微努力就达到，让孩子更容易接受这样的训练。

孩子列清单的过程就是他梳理自己思路的过程。如果孩子还小，不能手写，也可以用画画的方式来表达，还可以剪贴出海报杂志上的图片，让孩子从中挑选。这会让孩子的秩序感变强，每一天起来要干什么、先干什么、后干什么，在他潜意识中已经形成了一定的秩序。而且，他在睡觉之前的秩序已经延续了很长、很长的时间。

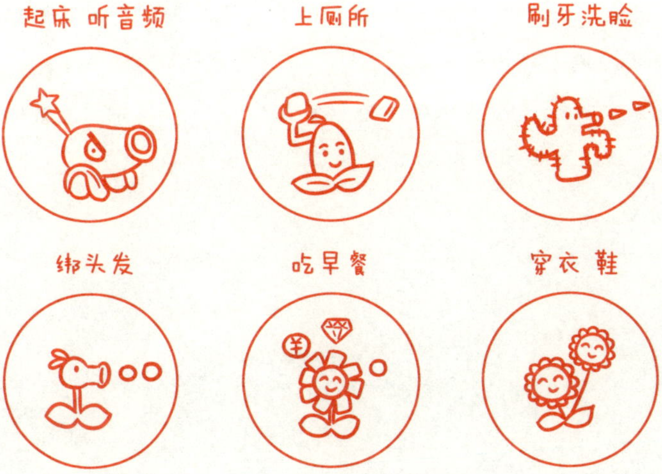

以上面的“晨起作息表”为例。孩子来决定先做什么、后做什么，给清单排序的过程，也是让孩子整理思路的过程。家长在这个过程中尽量让孩子做主，同时给孩子犯错误的机会，让孩子自己醒悟哪些需要做出改进。这样，才能培养出孩子独立思考、自觉自律的能力。

⑤ 步骤五：手工做出作息表，孩子照片也上墙。

本书多次提到，孩子的时间管理要做到可视化。为什么呢？要想让孩子对每天要做什么“心中有数”，只说教是不够的，必须用直观的、清晰的、有趣的方式展示才是有效的做法。这时候，为清单化管理制造趣味性，就是很重要的一点。

可以邀请孩子自己画出任务项，也可以用杂志或者海报里的图片剪贴制作，或者邀请孩子做“小演员”，拍出照片打印出来。

我在跟女儿制作她人生第一张睡前作息表的时候，就是邀请她做动作，我来拍照。小家伙特别开心，看到自己做任务的照片后，表情骄傲极了。

这样一张作息表陪伴了她3个月，每天她都很开心地去“打卡”完成。当她上幼儿园之后，又做了几次调整，每一次调整都根据她的实际情况，做了时间的分配。

现在，她的秩序感很强，每天自己的任务有哪些，先做什么、后做什么，她都可以做很好的自我管理。

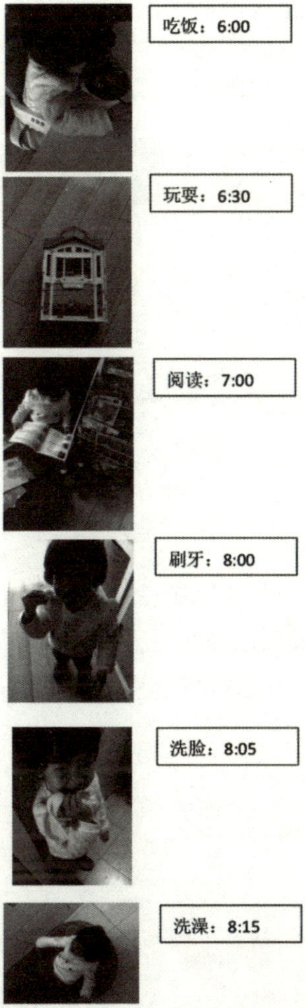

⑥ 步骤六：家庭会议做承诺，打卡完成有监督。

当做完这样一张日常作息表后，可以在全家的家庭会议上向大家宣布，作为实践者和监督者，也请孩子和家长一起在日常作息表上签上自己的承诺。

邀请孩子一起把这张作息表装贴在孩子房间最醒目的地方。

这样做的目的，是让孩子充分认识到：这是一件重要的事情。

非常鼓励孩子去做一个有仪式感的行为，就是在完成一项之后，在那项后面打个“√”，表示已经做到了。这样，每天完成清单上的任务，看到代表“成功”和“完成”的记号，孩子的内心会充满自豪感和成就感。

也可以制作成下图，一周的训练都放在一张表里进行。

乐乐的睡前作息表

	星期一	星期二	星期三	星期四	星期五	星期六	星期日

当孩子做不到的时候，家长只需要提示孩子：“看看你的睡前清单，下一项是什么呢？”孩子会嗒嗒地跑到清单面前，看过之后继续做下一项。慢慢地，孩子就不用去看了，把清单上的事项烂熟于心。

在执行过程中，孩子也会有反复，不能完全按照清单来做，家长仍然要用和善而坚定的态度来问孩子：“我们的约定是什么呢？”而不是说教或者放任孩子。

总结一下制作日常作息表的原则：

1）孩子是日常作息表的主角。从确定人物到制作，都要邀请孩子来主导，或者至少要参与。把学习的权利交还给孩子，让孩子“自己做”，激发他们探索的兴趣。

2）家长尽量不评判对错，而是用提问的方式，鼓励孩子自己思考，去想下一步应该做什么。

3）尽可能地让清单的呈现方式有趣易懂。比如刷牙的时候拍刷牙的照片，贴收拾玩具的照片，这样是不是会让孩子更喜欢呢？

4）要有仪式感，全家的一致通过、承诺、张贴，让孩子每做完一项，就在后面打“✓”，或者贴一张笑脸的贴纸。这些简单的动作，可以让孩子获得心理的满足，感到自己又做了一件重要的事情。当把整个清单任务都完成之后，孩子会非常有成就感。

5）让作息表发挥作用，当孩子忘了，只需要提醒一下孩子：“你的作息表下一项是什么？”或者“我们的约定是什么？”

清单管理，先从不同时间段的分段时间开始进行，例如睡前作息表、晨起作息表、学习安排作息表等。也可以针对孩子的个别习惯进行培养，做出更细化时间段的清单，比如就餐准备清单、购物清单等。

3.6 学员反馈

反馈1：真的没想到，作息表的作用这么大

女儿刚上小学的时候，每天早上家里都有些鸡飞狗跳。孩子赖床，做事慢吞吞的，每件事都要我和她爸爸催促着，甚至是吼了她才去做。有些时候，她的脸上会挂着眼泪出门，为此，我既心疼又无助，不知道该怎么帮助这个小学生适应未来更大的挑战。

参加了儿童时间管理训练营，我决定尝试做晨起的作息表。我在心里暗暗祈祷："但愿这一次能管用，哪怕是一点点呢。"

周末，趁着女儿开心的时候，我跟孩子说："早上妈妈吼你，你是不是心里不太好受？"

孩子点点头。

我说："每天早上都是爸爸妈妈催你，我们也觉得很难受。爸爸妈妈担心你不能按时到学校，影响你一天的学习和心情。我希望我们能一起想办法，让你的早上开开心心的，你说好不好？"

孩子扬起小脸，脸上阴转晴："妈妈，真的吗？你们能不再催我了？"

我说："是呀，也许我们能请一位小帮手。"

她饶有兴趣："小帮手？是谁？"

我说："就是这个。"

我拿出老师示范的一张她孩子的作息表，是一个孩子晚上必做事项的睡前安排。她看到上面有孩子的照片，马上开心地说："我也要一张，妈妈。"

我们很开心地回顾了早上她都要做什么，按照她的心愿做了排序，又设定了起止时间。

我们甚至一起想，到了早上叫她起床的时候，就用她最喜欢的托马斯小火车的故事，来试着叫醒她。

我们又一起开心地拍了照片，打印出来，贴在了硬纸板上。

我简直不敢相信，它立刻管用了！

不用我们哄骗，也不用催促唠叨，孩子自己就跑去看作息表，然后去做。每完成一项，她就打钩，有的时候，还会高兴地喊出"Yeah！"

我意识到我的女儿原来就是力量型的孩子，她喜欢有掌控感，因而会主动想要知道每件事接下来要做什么，这样她就知道了自己的下一步行动。

这个作息表陪伴了她很久很久，偶尔她想拖着不去刷牙，或者吃早餐有些磨蹭，我也无需对她大吼大叫了，而只要温和地问她："你的作息表的下一项是做什么？"

反馈2：不想睡前鸡飞狗跳地催娃，你需要学习日常作息表

在参加儿童时间管理训练营之后，我与6岁的女儿一起完成了她人生的第一张睡前清单。

在此之前，我们家在晚上睡觉之前，关于写作业、刷牙、洗澡这些事情总会出现一些亲子的小冲突，大人和孩子的感受都不是很好。

于是，一天晚饭后，我跟孩子提议，我说："妈妈有一个好办法，可以让我们晚上睡觉之前有做游戏的时间，有玩乐高的时间，有阅读的时间，还能保证完成刷牙洗脸的任务，你想知道这是什么神奇的方法吗？"

女儿一听，立刻说："妈妈，我想知道！"

我说："我们要一起完成玩通关游戏，完成几个任务，才可以。"

女儿一听更有兴趣了，连忙问我："妈妈，你快说，我跟你一起做。"

于是我告诉她，我们要一起想一想睡前都有哪些事情要做，先要做一个画画的小游戏，把这些事情都画出来。

女儿拍着胸脯说："包在我身上，我最喜欢画画了。"

于是，女儿说出了写作业、看书、玩乐高、玩芭比娃娃这四件事。我说："还有呢？"

她又说了刷牙洗脸和收拾玩具，我赶紧写下来。

然后孩子又说，吃点心也想加进去。我本来想这是无关紧要的事情，但是转念想起老师在训练营课程上说过，这个时候一定不要评论，要充分尊重孩子的意见，记录下来就好。

于是，我说："行啊，我写下来。"

写完之后，我问女儿："你看，我们有这么多事情要做，到底先做哪一件事情比较好呢？"我故意做出为难的表情。

女儿也皱起眉头。

我说："不如，我们先看看每天必须要做的事情有哪些，而那些没那么重要的，我们有时间就做，没时间就去掉，或者留给其他时间来做，好吗？"

女儿点点头。

于是我们两个一起看了刚刚列出的事项：看书、玩乐高、玩芭比娃娃、刷牙洗脸、收拾玩具、吃点心。

女儿说："如果玩了乐高，就可以不玩芭比娃娃了。"于是，我们就在清单上划掉了玩芭比娃娃。

我说："如果在睡前还要吃点心的话，妈妈担心你消化不了，会不舒服。"

她想了想，说："那好吧，我可以吃水果吗？"

我说："可以呀。"于是，我们把吃点心改成了吃水果。

我又问："可是我们还是有几项任务，你想先做哪一件呢？"

孩子说："我想先玩乐高。"于是我让她自己在乐高这一项后面写上"1"，收拾玩具后面写上了"2"，之后是看书、刷牙洗脸等。

我说："咦？还有一项是吃水果，你想什么时间做呢？"

女儿想了想，告诉我，要把吃水果放在第一位。

我又说："还有一项是写作业，你想什么时候做呢？"

她歪着脑袋思考了一下，说："吃完水果，我就有能量去写作业了。"

于是我们又重新进行了排序，她长舒一口气，说："终于知道我要做这么多事情了呢！"

我们两个一起把每一项都设计了象征图案，按照刚刚排好的顺序画在纸上，写上了每一项应该完成的时间。

最后，女儿在上面画了一个大大的爱心，她说，这是她的爱心作息表，以后就跟它做朋友了。

我们把这张睡前作息表贴在了孩子的房间墙上，从此开始了不催不吼的晚间生活。

之后的日子，孩子一直很自觉遵守睡前清单，因为这张作息表是她自己参与的，每一项都是她自己的决定，所以执行过程中，她非常有主动性。

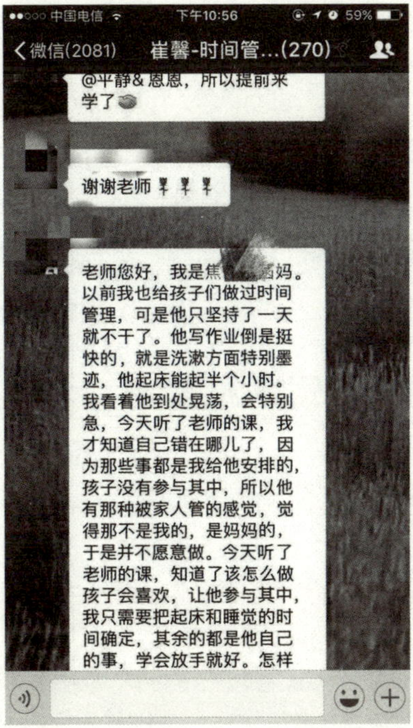

第 4 章
CHAPTER 4

学习习惯训练：让孩子专心写作业，轻松考出好成绩

上一章，我们介绍了培养孩子生活习惯的时间管理方法，训练孩子的时间感知能力和对时间的估算能力，同时教给孩子根据“必须要做的事”和“想要做的事”来做排序，最终通过倒推时间的办法制定任务行动计划。

这些是培养孩子进行时间管理的基础，也是儿童时间管理的初级内容。本章将介绍如何引导孩子做好一天、一周，乃至一个月的中长期计划，让孩子可以在规定的时间里，把必须要做的事和重要的事做完，对时间做好合理、科学的分配。

尤其当孩子到了学龄期，要面对繁重的学业，准备考试，时间分配和学习专注的能力往往影响到孩子是否能在精力最佳的时候，高效完成最重要的任务，从而劳逸结合，取得优异的成绩。

4.1 孩子做事没条理，“四个象限”排排序

孩子上学后，作业和课外班会越来越多。孩子们总是做完一件事，还有另一件事。有的孩子像没头苍蝇一样，不知道该如何安排这一堆事情。这里要介绍的是时间管理优先矩阵，帮助孩子把繁杂的任务进行排序和安排。

时间管理优先矩阵，也就是我们常说的“四象限”法则，这是把时间按其紧急性和重要性分成四类。它们分别是：

第一优先级，重要且紧急；

第二优先级，重要不紧急；

第三优先级，紧急不重要；

第四优先级，不紧急不重要。

4.1.1 明确四象限，孩子再也不瞎忙

从小学开始，父母和老师就可以培养孩子用这个工具来管理自己的

待办事项了。

那要怎样教孩子区分以上这四类任务以及它们的优先顺序呢？

1. 既重要又紧急的事情

往往和短期目标有关，是必须要在当天完成的事情：比如今天要写的作业，因为明天要交，所以很重要，而且不尽快完成，会产生更坏的后果。比如孩子明天要参加考试，父母要提醒孩子，这件事情就是重要而且紧急的事情，要让孩子非常重视。

2. 重要而不紧急的事情

往往和长期目标有关，是不必当天做的事情：比如学校要求的必读读物必须完成，但这个月读完就可以。或者是想要学会一门外语、锻炼身体、参加钢琴考级……父母就要和孩子制订好时间计划去完成。

3. 紧急而不重要的事情

事情不重要，但比较紧急，可以集中时间去处理。在特殊情况下，可以由别人代劳：比如想看直播的球赛，但是时间冲突，如果没完成在计划内“必须要做的事情”，那就只好选择以后看转播录像了。或者集中一段时间去回复电话、履行跟同学的约定等。或者如打印资料这种琐事，时间紧急，可以请父母来帮忙代劳。

4．既不重要又不紧急的事情

什么时候做都可以的事情，可以在空闲时间做或者不做的事情：比如和朋友煲电话粥，比如玩电脑游戏、看电视、上网等。

4.1.2 用对好方法，孩子轻松当“学霸”

四象限法则非常重要，但是如何让孩子快速理解和掌握呢？

向孩子解释这个四象限的概念和使用原则，建议家长用讲故事、做游戏的方式，让孩子在生动有趣的故事和游戏中去实践、去理解。

案例1：聪明妈妈讲的“大石头‘试验’”

课堂上，教授在桌子上放了一个玻璃罐子，然后放进了一些鹅卵石。随后，教授问他的学生：“你们说这个罐子满了吗？”

“满了。”所有学生异口同声地回答。

教授笑着从桌底下拿出一袋小碎石子，把它们从罐口倒进去，摇一摇，又问：“现在罐子是不是满了？”

看到这里，大家似懂非懂，都有些不敢回答，一位学生小声回答：“也许没满吧。”

教授没说话，而是又从桌下拿出一袋沙子，慢慢倒进罐子里，又问学生：“现在呢？”

全班学生很有信心地回答说：“没有满！”果然，教授又从桌子底下拿出一瓶水，缓缓倒进相继被鹅卵石、小碎石、沙子填“满”的玻璃罐。

这个故事说明了什么呢？如果没有先把大石头放进玻璃罐，那么当里面装满了碎石、沙子和水之后，就再也没有机会装大石头了。

通过这个故事，家长可以启发孩子，如果将大石头、碎石、沙子和水分别代表不同重要等级的任务，而玻璃罐内的空间就是孩子时间的总量。那么，是否要将大石头/重要事情的优先度提到最前呢？

家长训练营的学员还有一个特别好的创意，用生活随处可见的东西做例子，演示给孩子看。将家中常备的花生米、红豆、绿豆、小米拿来，跟孩子做“大石头”试验。当用这些生活中常见的东西和孩子讲解的时候，会变得更容易被孩子理解。

一位学员，她的孩子只有3岁。她告诉我，在她做实验之前，本来还很担心孩子会理解不了。没想到，做完之后，她问孩子“应该先做重要的事情还是其他的事情”的时候，孩子竟然马上回答：“先做重要的事情。”

案例2：亲子游戏排排序，时间管理大比拼

涛涛的妈妈发明了“纸牌游戏”，和涛涛讨论了要做的事情有哪些，并且罗列在了纸上。

涛涛看到有这么多任务要做，挠挠头，哭丧着脸对妈妈说：“原来我有这么多事情要做啊，怪不得我天天觉得时间不够用。”

妈妈故作神秘，说：“所以，今天我们要玩一个纸牌游戏，把这些事情丢到不同的篮子里面，再看看会不会有不一样的结果。”

涛涛半信半疑。

妈妈给涛涛讲了“大石头”试验，涛涛一拍脑袋，说：“哦，对，重要的事情先做！”

妈妈微笑，说：“嗯，涛涛说得很对。但其实，还能把事情做更详细的划分，这样就不会觉得事情一大堆，又忙又乱了。”

涛涛一听，来了兴趣，催促妈妈：“快告诉我嘛。”

妈妈画出四象限，给涛涛详细讲解了一遍。

而涛涛却显得似懂非懂。

妈妈拿出纸牌说：“接下来，我们就实战一下，四象限是如何发挥威力的。”

妈妈把纸牌一张张摊开，引导涛涛自己把纸牌放进代表不同象限的篮子里。

起初涛涛放的时候，还有些摸不清规则。但是练习了几次，他便越来越清晰，分类的速度也越来越快。

拿到看篮球直播的纸牌时，涛涛要放到“重要且紧急”的篮子中。妈妈笑着拿出“重要且紧急”篮子中一张纸牌，上面写着“准备第二天的考试”问涛涛：“如果明天要考试，你还可以看球赛吗？”

涛涛不好意思地笑笑，马上抬头渴望地看着妈妈：“可是我真的很想看球赛，妈妈。”

妈妈说：“那我们看看能否有其他解决办法呢？”

说完，母子俩都托着腮，开始思考。屋子里一下子安静下来。

“我有办法了！”涛涛忽然兴奋地喊出来：“我可以看转播啊！”

妈妈也笑了，说：“是啊，我怎么没想到！”

涛涛把所有的纸牌都做了分类，再重新看妈妈画的四象限，若有所思，抬头对妈妈说：“妈妈，我知道以后应该如何安排我的时间了。”

可见，只要找对方法，孩子就很容易知道按照事物的“重要性”和“紧急性”进行排序的意义。一旦孩子养成排序的习惯，培养出判断力，将终身受益，远离“忙盲茫”的状态。成为小“学霸”，自然也不再是一件难事了。

4.2 一日时间有“饼图”，学习计划巧安排

孩子学会了做“日常作息表”之后，如果已经能够很好地进行分段时间的管理，就可以训练孩子做一张一日时间饼图了。

一日时间饼图，是利用一个圆盘把孩子的时间进行大块切分。让孩子把一天 24 小时的时间分配得更细，明了具体何时应该用于学习、娱乐和休息。

4.2.1 工具那么多，为啥饼图最有效

在亲子时间管理训练营中，家长和孩子都很喜欢这样一个饼图。为什么呢？

首先，饼图的可视化，看上去一目了然，一天 24 小时如何分配，清清楚楚，井井有条，非常的直观；

其次，图形来源于钟表的圆形，既提醒孩子要珍惜时间，也提示孩子日复一日，周而复始地循环和进步；

最后，孩子对于时间和自我管理有了更深的认识，到了某一时间段该做什么，变得心中有数。

4.2.2 “饼图”三步走，轻松做好日计划

那么，该如何和孩子一起制作这样一张让孩子喜欢，又能轻松学会管理时间的“饼图”呢？

请按照以下步骤进行：

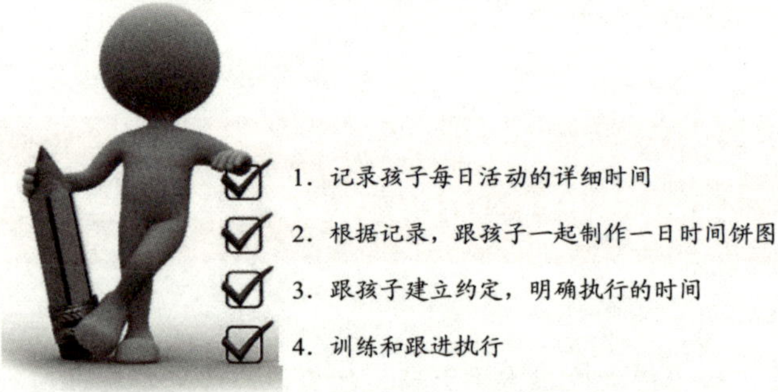

1．步骤一：每日活动有记录，时间花费看清楚

从早上起床到晚上睡觉都要记录下来，即 24 小时的全天候记录，以便明确孩子的时间消耗在了什么事上。如果孩子年龄比较小，这一步可由家长引导孩子参与来做；如果孩子年龄比较比较大，这一步可由孩子自己来做或者父母参与辅助。

为什么要做时间记录，在本书 3.4.3 章节已经有了详细介绍，这里不再赘述。做了这样一个详细的记录之后，我们就会意识到，孩子的哪一项任务的效率其实是有待提高的，哪一项任务又是我们该多花些时间去帮助孩子进行训练和提升的。

案例：我的孩子总晚睡，时间管理哪错了？

有位来咨询的家长，说自己家女儿晚上的时间很紧张，总是感觉睡前要做的事情很多，每次辛苦做完，都要耗到晚上 10 点，不得不晚睡。我们邀请家长来做了这样一个记录，于是发现，孩子在洗澡和

做作业上花费的时间比较多。洗澡能用 30 分钟～45 分钟，而写作业更是要用 3 个小时。算下来，如果晚上 6：30 吃完饭，加上这 3 个小时写作业和 30 分钟的洗澡时间，就已经 10 点了，那孩子可不就得天天晚睡了。

2. 步骤二：根据记录做饼图，亲子沟通很重要

制作时间表的过程中，父母一定要记住：抓原则，放细节。具体来说，就是只约定重要的原则问题，其中具体的安排要说服自己放手，让孩子做主。

因为现在是对孩子的一日时间做出管理，难度加大。所以希望家长从亲子沟通开始，就要提起孩子的兴趣，避免“一家之言”。

1）训练前的亲子沟通

案例：想让孩子做计划，我的沟通咋不行？

曾经有学员刚来的时候很沮丧，说自己给初中的儿子制定了时间表，可孩子根本不执行。于是我问她，这个时间表怎么制定的，她又是如何跟孩子沟通的？

她说：“儿子，这是你一天要做的事情，妈妈都给你列好了。现在咱们用这张表来帮助你做好时间管理。”

结果，小家伙看了一眼，扭头就走开了。

妈妈一脸愕然，不知道该怎么办。

这是非常典型的传统亲子沟通方式。一方面，很感慨这位母亲的用心良苦；另一方面，也真的感觉到我们的家长需要学习，需要多了解孩子的心理，才能跟孩子更顺畅地沟通。

如果想让孩子配合做训练，就要从孩子的角度出发，多去体会和理解孩子的烦恼是什么。要学会用接纳和同理心去沟通。关于沟通和情绪管理，大家可以参考本书第二章。

有位妈妈这样跟孩子沟通："最近妈妈看你学习压力比较大，周末都没有玩的时间了。咱们一起想一想，怎么能让你有时间玩。你可以自己安排自己的时间，对你自己做事情的顺序和需要的时间做出决定。同时，妈妈有两个最基本的要求。第一，晚上上床的时间必须是晚上10点钟，因为妈妈希望你有足够的睡眠时间；第二，我们每天要保证半个小时的阅读时间。"

这就是典型的“抓原则，放细节”。

首先，这位妈妈很有智慧，她跟孩子说的是“咱们一起想一想，怎么能让你有时间玩”。那么大家换位到孩子的角度思考，会觉得妈妈真好，还想着让自己能有时间玩，那么就会主动开始动脑思考如何管理时间了。

其次，在跟孩子谈到一日时间管理的时候，妈妈已经明确表达了自己的底线是什么。如果家长洋洋洒洒提出一堆要求，孩子就容易心生反抗情绪。

而且，这位妈妈的要求和目标不是遥不可及的，而是孩子通过努力就可以实现的。比如孩子原来是 11 点睡，现在一下约定为 9 点，可行性是很低的。跟孩子进行训练的时候，绝不能太着急。可以先要求孩子 10:40 睡，然后再改到要求孩子在 10:30 睡觉，当孩子 10:30 可以睡觉的时候，我们再来跟孩子一起重新做一张时间表，一起商量提前到 10 点。这样逐渐提高要求，孩子才能更容易接受。

2）根据任务做计划

如何根据清单排序的方法，参考制作日常作息表的步骤，见本书 3.5.4 节，具体步骤是：列出任务→任务排序→估算时长→制定计划→手工制作→做出承诺。

制定计划的时候，再次推荐倒推时间的方法，让孩子看见自己的时间“漏洞”在哪里。比如孩子 5 点多放学，那么从 5:30 到家，直至晚上 9:00 上床睡觉，中间有 3 个半小时的时间。孩子洗漱和阅读的时间加起来有 1 个小时，剩下的时间也就只有 2 个半小时了，还要做作业和玩耍。当孩子这样来确定任务和时间的时候，就会明显感到时间的紧迫了，自己就会有了时间观念。有的孩子就会说：“妈妈，时间怎么这么少啊？”

让孩子通过实践自己体会到的“时间珍贵”，远比家长天天唠叨“你要珍惜时间”好得多。

在排序的过程中，家长要引导孩子好好利用精力充沛的时间段，先把最难事情做完，也就是先吃掉“大青蛙”。

对于孩子而言，写作业算作一只“大青蛙”。家长不仅要引导孩子将写作业作为“重要且紧急的事情”优先做，而且要将它放在孩子精力最好的时间段。如果孩子在效率最高的时候先做难的功课，就能以最快的速度把它们完成。当孩子的效率提升了，自然就会对这些功课越来越有自信。其余的时段，可以让孩子选择做抄写、背诵等大量重复性的功课。作业写得快了，就可以节省下更多的时间用来做自由安排，孩子做时间管理的感觉会非常好。

精力最好的时间“吃青蛙”

如果在排序或者时间安排上，孩子与父母有分歧，还是那句话，放手让孩子做决定！要让孩子真正感到，这是他自己的时间表。

比如，写作业是孩子的责任，不是我们爸爸妈妈的任务。在哪个时间段写作业，该用多少时间，孩子需要自己决定。我们要把孩子的责任还给孩子。孩子的责任感也需要像这样通过一件件小事来培养。

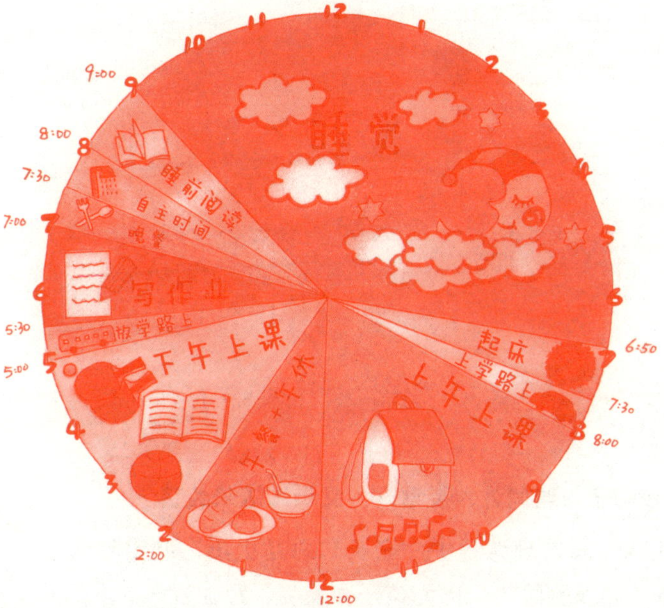

这样一个流程走下来，无论是父母还是孩子，都在一天的时间安排里，由原来的“忙忙忙，急急急”，解放到了一个井然有序的状态中。

就像红绿灯，如果我们一直任由各路的车马自由通行，早晚有一天会堵得水泄不通，或者交通意外不断。

因此，制定交通规则，比如外地车辆限行入境时间，这就是在删除不必要的每日必做事项；比如红绿灯的设置，就是对交通任务进行轻重缓急的排序。如此这般，道路的畅通才能得以保证。当有的人偶尔偷懒，想闯一下红灯，交规明明白白地放在那里，被扣了分罚了款，也不得不接受。直到大家都接受了这样的规则，才会觉得有秩序、有安全感，才会更舒心！孩子的时间管理也是同样的道理，在合理的规则下给孩子自由，父母和孩子都会感到很轻松。

3. 步骤三：时间计划要遵守，父母跟进来监督

在儿童时间管理课程中，家长们总是提出，制定时间表不是最难的，最难的是执行阶段，因为孩子会反复。跟3岁～5岁的孩子建立规则会相对容易，孩子也会比较配合。只要爸爸妈妈秉着和善而坚定的态度，当孩子坚持不下去的时候，爸爸妈妈要坚定下去，一般哭闹几次也就过去了。但6岁～12岁的孩子，如果拖拉的习惯持续得比较久，或是孩子自己的想法比较多，建立一个新的习惯就需要格外费心。除了用番茄钟让孩子对时间有紧迫感，用沙漏让孩子对时间有感官认识之外，还要引进激励机制，激发孩子的内驱力，让孩子自觉自愿地进行时间管理。

4.2.3 两点原则，决定了孩子是否愿意实践并坚持

很多爸爸妈妈说自己和孩子做的时间表不起作用，那么不妨看看下面的制定原则是否一一遵守了。

1）必须让孩子参与进来，让孩子做主

不要说孩子了，就是我们成年人，如果老板直接丢来一个工作任务，说："吴儿啊，今儿把这个做了，1234步，你必须6点之前做完，做不完扣你奖金。"听完这些，大家有什么感觉？是不是特有辞职的冲动呢？

那要是老板换一种沟通方式，说："吴儿啊，现在有一项工作，你是这方面的专家，咱们一起讨论一下怎么做更好。争取今天做完，早完成大家提前下班。最近也挺辛苦的！"你会怎么样，是不是会铆足了劲儿地干，争取保质保量，不辜负领导的信任，同时，也能早点下班回家陪孩子。

沟通方法的一点转变，就能让行动的动力变得不一样。

所以，一定要让孩子参与到制定计划的过程中，并且要让孩子感受到"自己说了算"。不要把时间表当作管理孩子的工具，而是要让孩子自己把时间表当作帮助自己的工具，这样孩子才能喜欢做、做下去，才有内在的动力。

2）在做这个清单的时候，一定要预留一个"自主时间"

自主时间也就是自由支配的时间。每天的计划中，要专门给孩子留出固定时间，让孩子可以自由支配，哪怕只有10分钟。

孩子在学校经历过高强度的学习，回家又要聚精会神写作业，已经消耗了大量的能量。就像汽车需要加油一样，孩子也需要有"加油"的自我修复时间，在计划表中留白，让孩子可以自由安排，放松娱乐，这才是自主时间的意义。

如果孩子提前完成，节省的时间也要真正交给孩子，让孩子感到提前完成任务是值得的。不要让孩子老是担心完成了任务，还有更多的任务等着自己。写完了作业，妈妈还要再给加一篇作文；完成了作文，又会说："你看，还有时间，咱们再背几个单词吧。"

把节约下来的时间还给孩子，孩子就会更愿意付出最大的努力，也愿意为此激发自己最大的潜能。

4.3 你的孩子有了"收集箱"，再也不用妈妈催

收集箱，是以周为单位，记录清单和饼图之外的，不是每天或者固定时间段做的事情。

总有些计划外的事情忽然蹦出来，我们的大脑每时每刻也都会产生无数个念头，当脑海里事情太多，人们就会抓不住重点，变得焦虑、心猿意马，无法专注当下做事，孩子也是一样。需要注意的是，我们的大脑不善于记忆，也不善于管理多而复杂的事情，它是一个用来思考的器官。

收集箱的作用，是帮助孩子随时记录想法，把想法从大脑中解放出来，而不是占用大脑内存来储藏信息。这样大脑就能放轻松，腾出精力去思考。

收集方法并不复杂。当孩子有了新的想法和任务的时候，可以及时写到相应的一天中。家长要跟孩子一起讨论，这些新的任务应该放在当天的哪个时间段来完成，遵循四象限法则来进行排序。如果不是重要的事项，就尽量放在孩子的自主时间来完成，保证每天生活的基本规律。

- 随时记录，避免占用大脑内存
- 日常外的事项安排到对应的日历上
- 根据缓急程度安排

4.4 “打卡”也要有记录，孩子的进步看得见

孩子的时间管理训练中必不可少的环节是反思和检视，这需要打卡记录表来进行跟踪记录，同时还能直观地让孩子看到自己每天践行的情况。当孩子看到记录表上的一个个“成功”的记号，也会为自己的坚持感到高兴，从而更有劲头执行下去。

打卡记录的项目，包括清单上每日要完成的事项，比如晨起清单打卡项目、睡前打卡项目、番茄工作法执行项目，甚至包括当日的家庭约定纪律项目等，例如就餐的家庭规则和孩子玩耍的规则，都可以在打卡记录中体现出来。

【就餐纪律】

- 饭前洗手
- 就餐时间为 30 分钟
- 吃饭不大声吵闹，不看电视
- 饭后帮忙收拾碗筷、擦桌子

通过对记录表的分析，让孩子在记录中检视自己做得好的地方，和需要改进的地方。

可以让孩子思考几个问题：

- 这个星期什么事情花掉我最多时间？
- 哪些事情还可以花少一点时间？
- 哪些事情是我想做却没有做的？
- 我对这一周运用时间的情况满意吗？

如果孩子的个别任务还有待训练，可以将作息表的项目单独拿出来训练，比如建立一张刷牙打卡表（如下图）。

刷牙打卡记录表

	早	晚
星期一		
星期二		
星期三		
星期四		
星期五		
星期六		
星期日		

笔者非常推荐父母也进行打卡。这样做并非是记录父母的时间管理成果，而是记录孩子在践行时间管理训练过程中的“闪光点”。

本书多次强调要对孩子的进步和成长给予“看得见”的反馈，并且要多多进行鼓励（鼓励的句式请见本书 1.3.5 节）。所以建议父母建立一个记录本，记录孩子努力的过程和点滴。

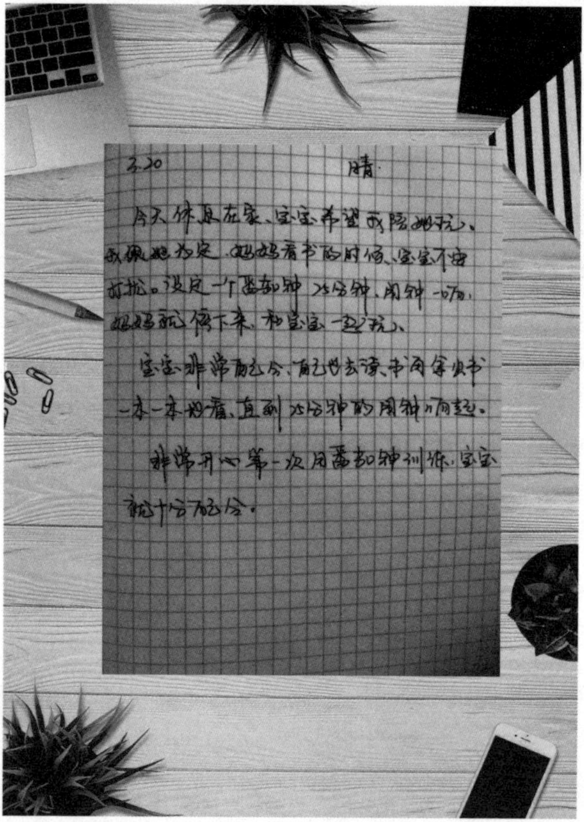

孩子天生都是有上进心的，当看到妈妈每天记录下自己的进步，看见父母对自己的在乎、肯定和鼓励，内心肯定会非常高兴和自豪，自己也会更加在意，今天这项作业做了多久，有没有进步，心里就更会攒起劲儿来好好做，快快做。

我的女儿非常喜欢看我的记录，几乎每天都要去看看今天妈妈写了什么。有的时候，她还会拉着我一页页翻着，小脸上都是喜悦和自豪。

当我回顾孩子专注、努力和认真的样子时，内心也会被感动填满。于是，家长和孩子之间“爱”和“理解”就这样流淌，亲子关系自然会越来越好。

4.5 时间放进“小银行”，没有奖励照样行

家长往往会在孩子有进步的时候，给孩子奖励。这不是我们提倡的，我们不希望孩子在被奖励的过程中学会讨价还价。并且，很多时候，家长一高兴，就会承诺给孩子奖励，这样太随意，让孩子的努力变成了一场以物换物的游戏。不如跟孩子建立一个虚拟场景，让孩子把节约的时间存进“银行”，这就是“时间银行”。

4.5.1 如何开一家“时间银行”

本书建议家长引导孩子去“储蓄时间”，给孩子建立一个“时间银行”。时间银行是一种代币化转化，会给孩子一个启发：时间就是金钱。家长经常强调：时间就是金钱，时间就是财富，时间就是生命……但孩子对于时间的概念是模糊的，单单讲“时间”两个字，对于年幼的孩子来说多少有些抽象，孩子很难理解这种成人化的思维。所以，还是用适

合孩子的工具吧，教会孩子时间的意义，让孩子从能理解的、感兴趣的事开始，认识时间管理的意义，时间银行就是非常好用的一个工具了。

时间银行的准备工作：

1）了解存与支：带孩子去银行了解一下ATM机，存一次钱，取一次钱。目的是让孩子理解什么是“储蓄”，什么是“支取”。

2）与孩子沟通时间银行存取的规则：明确孩子在保质保量完成任务的前提下，可以根据规则得到相应的时间奖励。比如按时早起，可以得到5分；写作业超时，会减掉5分。在孩子计算分数的同时，又培养了数学能力，是不是一举两得呢？

希望家长注意的是，如果时间银行对孩子写作业方面提出了加减分的要求，那么除了任务的完成速度之外，还要对孩子完成作业的质量做出考核。这样做是防止孩子为了储蓄计分，匆匆写了作业，但是没有质量。

日期	内容	存入	支取	余额	操作员

3）制定孩子的愿望清单

愿望清单的内容可以是一次全家旅行，孩子想要的一本书或者玩具，跟爸爸妈妈晚上的亲子时间等。要让孩子来提出。

4）积分兑换愿望的规则

这样存下来的时间是有价值的，可以满足孩子的小愿望。比如：20分可以换一本书，200分可以换一次游乐场玩。这样孩子能很具体地看见，节省时间能给自己的生活带来好处和乐趣，去做自己想做的事情，是非常有成就感的。

当然，对于3岁～6岁的孩子，可以用更加可视化且有趣的方式来做“时间银行”的存取。在时间管理训练营中，看到有家长使用过的一些好用的方法，在这里也一并分享给大家。

家长准备了一个彩色的玻璃罐子，用彩色的小球代替时间银行的分数。比如，孩子按时刷牙，就可以自己放进去一个彩色小球。当孩子有愿望要实现的时候，就可以按照约定的数字，从罐子里拿出相应数量的小球。

这种方法，很多家长采用之后，孩子非常喜欢。

用彩球也好，用时间银行计分也好，都是一种荣誉累积制度，符合现在提倡的正面教育和积极鼓励的原则。

对孩子的奖励，尽量避免都是“吃”或者“玩”，可以更加多样化和赋予更多的意义。比如让孩子做一天家庭的“家长”，执掌家庭大权，对家庭生活做出安排，这种形式的奖励制度，可以潜移默化地影响孩子学会持家，学会理财，培养孩子的独立自主性。

也可以奖励孩子拥有发展自己兴趣爱好的机会。比如全家出游，让孩子做小导游，负责行程策划；比如孩子喜欢音乐，为他举办一次家庭音乐会等。这些形式都可以促进孩子兴趣爱好的良性发展。更因为这是孩子通过努力得来的机会，他们更会格外地感兴趣，格外地珍惜。

4.5.2 用21天培养“时间银行”的好习惯

时间银行的执行也分为几个阶段，在每个阶段给到孩子必要的支持。

第一周，熟悉规则，肯定成绩

往往这个时候，是孩子最有兴趣的时候，也是他们适应规则的阶段。当孩子可以按照计划完成任务时，家长要不吝惜鼓励，而且鼓励要及时。如果孩子很兴奋地去做一件事情，而且完成得很好，但家长过了很久才去鼓励，就失去了意义。

对孩子的鼓励要具体，家长可以说：“今天你自己起床了，真不错呢。”或者说：“今天的睡前清单全部按时完成了，还提前了5分钟，你的时间管理做得越来越好了。”

真正的鼓励，是家长对孩子的了解、认可和关爱。看见孩子的每一个“闪光点”，对孩子而言很重要。孩子在父母的肯定中，对自己技能的自信会越来越强，越来越敢于尝试和挑战。

第二周，监督执行，持续训练

当孩子对规则熟悉后，家长要帮助孩子坚定训练的信心。尤其是孩子对时间银行已经有了一些储蓄后，可以鼓励孩子花掉，实现一些小愿望。之后，再让孩子重新存储，这样孩子又有了新的目标和干劲。

第三周：巩固练习，回顾检视

孩子已经体验到时间银行带给自己的快乐，比如兑换了跟父母的亲子时光，或者实现了去游乐园的愿望后，家长还可以引导孩子重新检视自己在哪些方面得分比较多，还能做得更好；哪些方面又被减分了，或者得到的分数相对比较少。家长可以对孩子说："吃饭这一项得到的分数比较少呢。或许我们可以想办法，再吃得快一些呢。"

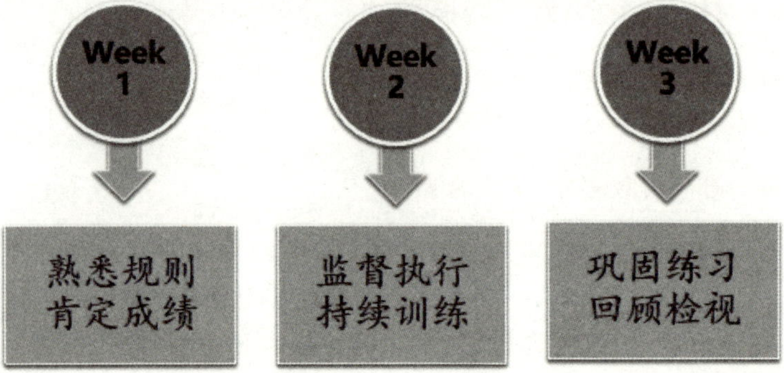

三周之后，孩子就基本能接受这个办法了，并且作业、起床、做事，都会完成得很快，因为孩子已经了解了时间银行的概念，并且熟练地运用了这一切。孩子也更加明白：节约时间，能让自己的生活更美好，实现自己更多的愿望；反之，浪费时间，就失去了做很多有意义事情的机会。孩子也会更加理解：管理时间，是自己的事情。

经过三个星期的强化训练，孩子对比间会形成一个具体的概念：节约时间，能给自己带来更多的快乐，远比浪费时间得到的满足多，并且有更多的时间属于自己。

案例：时间银行，如何让孩子发生大转变

涛涛的妈妈学习了时间银行之后，特意带涛涛去了一趟银行，指导涛涛亲自去做了“存”“取”。涛涛非常开心，过去都是看着爸爸妈妈去银行，现在尝试过后才知道原来 ATM 机是这样用的。

妈妈跟涛涛一起绘制了时间银行，涛涛因为对去银行的事情还觉得意犹未尽，因此特别感兴趣地对妈妈说：“我一定要把自己的时间银行存满。”

涛涛有个小愿望，就是跟爸爸妈妈去上海迪士尼乐园玩。于是妈妈跟涛涛约定，如果可以在三周之内，在银行存够 100 分，就可以全家一起去往上海的迪士尼。

前两周，涛涛都坚持得非常好，最后一周的时候，涛涛有些懈怠了。一天早上起床的时候，涛涛慢慢腾腾不想起。妈妈本来想说：“怎么，才两周就打回原形了？”忽然想到在训练营中学到的一句印象深刻的话：“一个受到鼓励的孩子，不当行为才会渐渐减少。”涛涛妈妈意识到，要给孩子积极的鼓励。

于是，涛涛妈妈平静地说：“涛涛，妈妈相信你记得我们的约定，更相信你记得我们一开始定下的目标，要完成三周的训练。”说完，妈妈就去厨房继续准备早餐。

过了不大一会儿，妈妈就看到穿好衣服的涛涛去洗脸刷牙了。妈妈欣慰地笑了。

接下来的训练中，妈妈只需要略微提醒，涛涛都可以按照计划来出色地完成任务。

4.6 孩子不专注，作业写得慢？“学霸”家长都用的“番茄工作法”

对孩子早上起床、晚上睡觉和吃饭问题，我们都有了介绍并提供了解决方案，接下来，我们会专门介绍如何提升孩子专注力、让孩子高效写作业的方法。

学龄家庭经常会有“不写作业母慈子孝，一写作业鸡飞狗跳”的反差情景。孩子写作业慢、不专心、东看西摸，这些跟专注力是不可分割的。专注力高，效率自然就会提高，作业就完成得快。

基于番茄工作法，培养孩子专注力。
试过就知道，这是最有效时间管理方法。

“专注力”其实是孩子与生俱来的能力，而且在孩子刚出生的时候最强，比如孩子吃奶的时候，那专注劲儿简直是达到了“忘我”的境界。但是，你有没有想过孩子不再专注的原因？现在的不专注，其实是我们在养育过程中无心破坏的。

4.6.1 破坏孩子专注力的行为

1. 习惯性的过度干涉

过度干涉，是指家长在孩子专心玩或者做事情时，习惯性地去打扰孩子，或者过度去帮助孩子，不让孩子独立做事。

有的家长习惯于在孩子专心玩耍的时候，跟在屁股后面不停地问“喝口水吧”“吃口香蕉吧”“歇会儿吧”“给你把把尿吧”……

有次见过一位最“极致”的家长，她儿子正在玩积木，妈妈拿一个橘子坐在那里，时不时就塞给孩子一口，嘴里还说着：“宝宝你搭得真好，来，吃一口……”这样下来，孩子既没能专心致志地去玩耍，也无法养成按时吃东西的好习惯。

还有的家长担心孩子做不好，会气馁，便习惯于在旁边提供帮助。

我之前给孩子买过一个拼图，插拼起来是个漂亮的小房子。我妈妈当时怕孩子拼不起来，就在旁边帮忙，很快帮孩子拼好了，结果，孩子并没有表现出兴奋和高兴，反而拼完了就一脚踩扁了，而且以后再也没玩过。

孩子的专注力，也需要在他们单独的探索中来进行强化，而家长过度的“关心帮助”，只会扰乱孩子的专注，破坏孩子的兴趣。

2. 家长的错误“示范”

说实话，看孩子并不是一项轻松愉悦的事情，妈妈们也总有不耐烦和疲劳的时候，这时玩玩手机消遣一下，是人之常情。

但是需要注意频率，如果妈妈经常当着孩子面玩手机的话，孩子就很容易被手机吸引，他会想“妈妈手里的东西肯定更有意思”，于是便无法专注于自己的游戏，每次妈妈一玩手机，就想凑过来瞧瞧。

当孩子长大以后，看电视自然也会成为他们必不可少的兴趣，很多孩子爱上了电视，爱上了动画片，并开始模仿动画片中不好的动作和语言。

或许你会感觉到，孩子看电视时是那么的安静和专注，你完全可以去做你自己喜欢的事情，因此你也常常认为孩子的专注力很好，看电视看半天都一动不动。在这里可以告诉大家，看电视、玩手机的专注，真的不能算作注意力集中，请不要误解！

电视画面切换得非常快，孩子在看的时候根本不需要去深入理解，不需要大脑思考。虽然看电视可以提高孩子的反应，但是，孩子的大脑从此不再专注于问题，之后，上学看书时，便再也无法深入思考了，依然走马观花式地看书，成绩自然不会高。

孩子看电视破坏专注力

4.6.2 为什么“番茄工作法”可以训练专注力

提一个小问题：现在有多少人听过番茄工作法，对番茄工作法又了解多少呢？

番茄工作法，也称为番茄时间管理法，是一套关于如何高效利用时间的方法。意大利人在20世纪80年代末发明它的时候，用到了一个顺手从厨房里找到的小番茄闹钟，名称由此得来。

番茄工作法将学习工作时间分成25分钟的时间单位和5分钟的休息时间，叫番茄钟。规则要求每完成1个番茄钟的学习，需要休息5分钟，每完成4个番茄钟的学习，需要休息一个长一点的时间如15～30分钟。学习过程中利用倒计时闹钟来提醒自己时间在流逝，同时也提醒自己不受外界的影响，专注在当前的学习项目上面，久而久之，就可以养成高效专注的学习习惯。

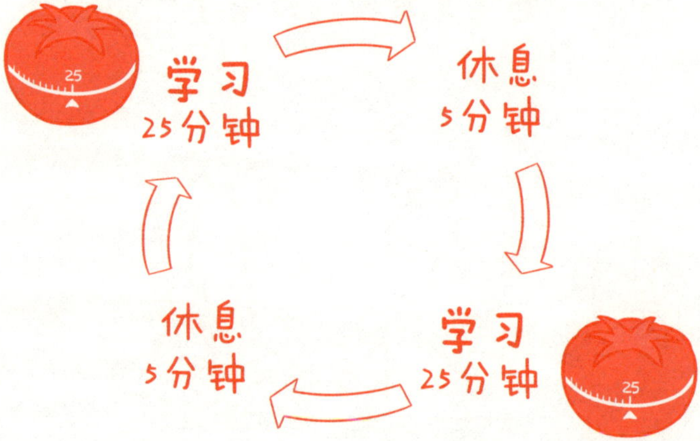

其实这样听起来，番茄工作法的原理并不特别，想想我们读书阶段，每节课 45 分钟，然后休息 10 分钟，其实道理是一样的。

在我几年前最开始了解番茄工作法的时候，也曾有过质疑。因为我不相信这么一个小小的定时器，一个听起来很简单的原理，就能够让我变得高效。用了之后我才发现，我的专注力原来如此之差。大家猜测一下，我的专注时间是多久？我惊讶地发现，自己竟然连 10 分钟高效的专注都做不到。于是，我开始训练自己，专注力时长逐渐从 15 分钟，到 20 分钟，再到 25 分钟。直到现在，我变成了一个不折不扣的番茄工作法实践和推广人，并且在我的儿童时间管理课程中，也把它作为一个非常重要的方法推荐给学员。用了这个方法你会发现，专注的力量如此之大，单位时间的效率提高了，生活变得高效起来。

番茄工作法的特点：这是一种训练集中力、注意力的方法，能够有效率地进行学习而减少中断。

对学生而言，简直没有比番茄更好的工作法了！

将学习、阅读等事件进行分类，执行番茄工作法后，很容易统计到每一个类别用了多长时间，为提高自己的学习效率提供参考依据，更能提升自控力和时间把控力。

4.6.3 为什么是“25分钟”的学习时间？

确定“25分钟学习+5分钟休息”的番茄钟时间是经过大量研究和对比，经过广泛的科学实验证明的一个时间长度；25分钟是人的专注力保持得最好的一段时间，在变得太累之前，利用一次短时间的休息保证自己能快速恢复体力，重新投入最高效的学习。保持一个良好的节奏，保持一个持续高效专注的学习过程，持之以恒，最终的学习效率远好过长时间不间断的学习。

经常使用番茄钟的孩子，会对时间越来越敏感，对时间的感觉会越来越准确，从而能更好地控制自己的行为，提升效率。

但是对于低龄的孩子，25分钟并不适合。比如对于3岁以下的孩子来说，如果专注力已经在平均水平，爸爸妈妈只需要保护孩子的专注力，不要干扰就足够了，也不需要额外去做什么来提升孩子专注力。

有学员提问：“我的孩子已经上小学了，可是写作业的专注力根本达不到25分钟怎么办？”亲爱的学员们，教育孩子不是绝对的，孩子成长的步伐也不是完全步调一致的。我们给大家提供一个基本的训练目标，即平均水平，如果孩子一开始达不到，就用番茄工作法的原理，制定目标和计划，慢慢调整，从10分钟开始逐步训练。总而言之，要放下焦虑和攀比的心，在孩子原有的基础上，逐步训练拉长番茄工作法的时间，不需要与别人比较。

4.6.4 任何时候都适用“番茄工作法”吗？

番茄工作法不是万能的。

番茄工作法不应应用于空闲时间的活动，因为它会使事情变得目的性太强。空闲时间要的应该是自由和放松。而且孩子的时间不能全部用番茄工作法管理起来，番茄工作法仅适用于严肃的、需要高度认真和专注的学习工作，在学习之外，一定要保证孩子有自己充足的自由支配时间。

4.6.5 “番茄工作法”的训练步骤

番茄工作法训练所需要的工具

- 一个番茄计时器；
- 一支笔；
- 一张作业清单。

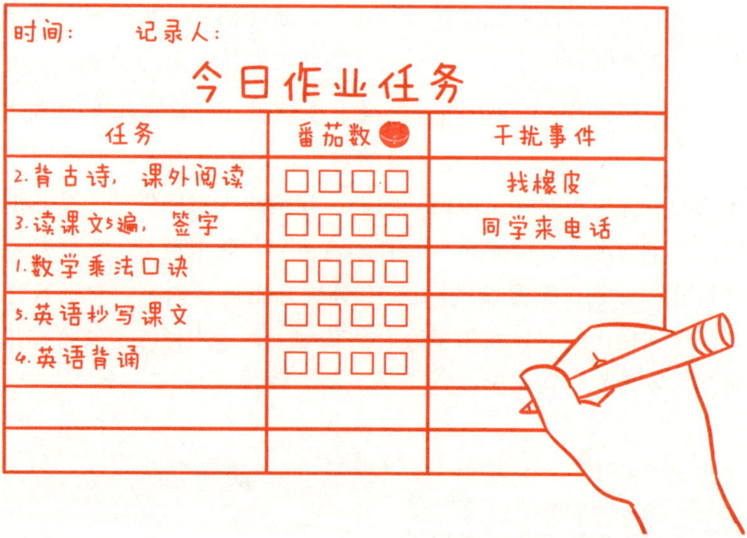

番茄工作法训练的步骤

①确立作业清单

把今天要求的作业都一项项列出来，然后进行排序，预估所需要的番茄钟。

排序的时候，把最难的作业排在前面。如果把一天中最重要的事情，如写作业叫“大青蛙”，那么作业中最重要，或者孩子觉得最难的一项可以叫“小蝌蚪”。一个小小的命名的动作，会增加孩子训练的乐趣，饶有兴趣地去进行训练。

在儿童时间管理训练营中，有个孩子非常有创意，他喜欢看三国，尤其喜欢赵云。于是他把最难的事情叫赵云。每次做完这一项作业，都开心地说：“我打败赵云了！”看，孩子的训练，需要找到一个目标，再增加一点趣味，升级打怪一样去“玩”着进行，就一点都不枯燥了。

当孩子已经经过时间感知的训练，对生活中要做的日常事项所需要的时长心中有数，在此基础上，仍旧要练习估算完成作业，以逐步提升自己的时间管理能力和学习能力。

作业清单确定之后，要让孩子再次读一遍，然后在清单上方填上自己的名字。这是在给大脑下达指令，提醒请遵守自己专心训练的承诺。

接下来请孩子做好准备工作：

生理准备：比如喝水、上厕所、运动一下。

资料准备：比如备好纸笔、书、笔记本。

屏蔽干扰：比如电话静音，告知家人自己要开始训练了。

调整状态：比如调整好坐姿、做几个深呼吸，或者闭眼冥想自己专注学习的样子，以及完成后内心轻松的感受。

② 设定番茄钟，时间是 25 分钟

请孩子亲手设定时间，这也是一种仪式感，暗示潜意识训练开始了，请保持专注。

③ 开始着手做第一项作业

这时孩子就要全力以赴地专注于学习，直到番茄钟响起。25 分钟结束时，番茄钟响起，这时孩子要马上停止学习，这也是在训练孩子的条件反射。

④ 结束后，请孩子在第一项作业任务后面画 √ 或 ×

这是一种仪式感的动作，让孩子体会专注努力之后，完成任务、获得成果的成就感。这样的感觉，将激励孩子继续下面的番茄钟任务。

⑤ 休息 5 分钟

中途不要想作业，请孩子去喝水、远眺、方便或者躺着好好放松一下等。同样继续“再做几分钟”也是不被允许的，即使孩子觉得再多几分钟就可以完成手头的任务也不行。这个环节和专注工作 25 分钟同样重要，因为番茄工作法就是一种精力管理的方法。通过 25 分钟的专注工作和 5 分钟的高效休息，来保证我们的工作是可持续的，使我们感到精力充沛。

⑥ 开始下一个番茄钟，继续作业清单上的任务

一直循环下去，直到完成作业。记住，每完成一个番茄钟，打一个√或×，或者在列表里将该作业划掉。

每 4 个番茄钟后，休息 15 ～ 30 分钟。也就是 4 个番茄钟为一组。

4.6.6 如何执行“番茄工作法”

20 世纪 80 年代，日本丰田公司凭着美国高管戴明先生的 PDCA 工作法一举成为全球汽车巨头，PDCA 循环工作法也从此风靡全球，其实在时间管理中，PDCA 也同样适用，通过 PDCA 的四个步骤：计划（Plan）→执行（Do）→检查（Check）→调整（Action），最终达成高效时间管理的终极目标。

虽然四个步骤看起来很简单，但它的应用是一个永无止境的过程，认真履行 PDCA 循环法的人都能领悟到一点，就是自身的成长永无止境。在孩子用番茄工作法来进行时间管理训练的时候，通过这个管理模型进行，能够帮助孩子有目标、有步骤、有反思、有调整地去完善自己的专注力训练。

计划（Plan）→执行（Do）→检查（Check）→调整（Action）

P-Plan 计划：分解目标，制定计划

D-Do 跟进执行：跟孩子建立约定，确定考核时间和考核标准

C-Check 检视：检查回顾孩子的计划执行情况，优点和待改进的地方

A-Action 行动处理：根据检视内容，重新调整计划，再次约定执行时间和考核标准

①计划：确定我到底要做什么

跟孩子制定出详细的计划，让孩子明确下一步该做什么，做到心中有数，马上就可以开始行动。

通常人们只重视行动“Do”的阶段，但“Plan具体任务”也同样重要，可以帮大家明确“什么时候做什么”，这里介绍一下人们常说的6W3H，即：

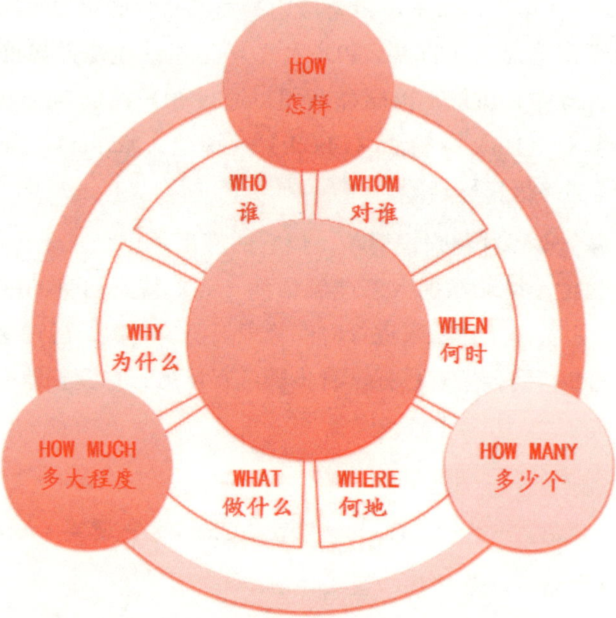

比如：我今天要完成的作业有数学、语文和英语。

第一项作业要做数学，有20道题，要用一个番茄钟；

第二项作业是语文，有1篇作文，需要2个番茄钟；

最后一项作业，英文有10个单词，需要1个番茄钟。

我要在4个番茄钟内，保持专注，按时完成每一项作业。

看，明确了6W3H的目标，便明确了谁在何时何地去做什么、为什么做、如何去做、怎么做、做多少、达到什么程度。当这些条件都制定清楚，下一步要做的事情，就立马可行了。

② 执行：按照计划，劳逸结合

番茄工作法是以动作为导向的，填写作业清单是动作，手动启动番茄钟是动作，结束停止是动作，坚持练习，久而久之习惯成自然，充分利用条件反射的力量。

时间到后，立刻停止工作，不可以想前一个番茄钟或后一个番茄钟的事情。这类似于长跑运动员对休息时间的掌控。在马拉松赛场上，运动员们都明确自己的实力，知道什么时候该休息，什么时候该努力追赶。

在规定时间内早早完成了，就复习执行内容直到钟响。

过渡学习能带来更好的提升，就是指在每个番茄的开始（或之前），先用一点点时间想一下“这个番茄钟我要做什么，要达到什么程度”。

③ 检查

这一步其实是很多家长进行训练的时候，会忽视的步骤。没有经过让孩子自己思考和检视的过程，这样过了一段时间，孩子起色不大，家长会变得更加焦虑，孩子也会懈怠。

检查的具体的步骤是：回顾目标→检视遇到的困难是什么→下一步的改进计划

首先，跟孩子一起回顾当时制定计划的目标是什么，以及要达到什么效果。问问孩子，如果合格目标达成了，有什么好处，有什么收获？如果为自己打分的话，能打几分，差距又是什么呢？

然后，跟孩子一起尝试分析，在执行的过程中，是哪些方面阻碍了任务的完成。

在清单中要有关于“干扰事项”的记录。观察在训练期间，孩子的中断是因为内部原因还是外部原因。

内部原因是孩子主动的中断：比如溜号、想喝水上厕所、找东西等；

外部原因是外界的干扰：比如同学忽然来访、接电话等。

在清单中还要有预估番茄钟和实际番茄钟的比较，这样可以看到孩子对于自己的作业进行时间估算的能力。

最后，根据孩子的反思结果，一起讨论可以做的改进有哪些，决定是继续执行原有的目标计划，还是进行调整。

④ 调整

根据记录和反思的内容，调整番茄工作法的内容。

我们可以这样来分析：今天做作业一共花了4个番茄钟，下一次再做这样的计划时，效率能不能有所提升？如果在制作计划前，花1个番茄钟来进行预习，会不会缩短后面实际执行的时间呢？

这样，每日的分析结果，都将成为孩子完成训练和学习的原始数据，长期下来，将使孩子的时间管理能力非常强。完成一项作业、阅读一本书、写一篇作文需要多少个番茄钟，孩子的心里会非常有数。

但这里要特别说明一下，总结分析是番茄工作法里很重要的一步，但每次的总结，所花的时间都不能超过一个番茄钟，否则，再好的方法都将成为负担。

4.6.7 “番茄工作法”的注意事项

- 要保护番茄钟，如果孩子分心了，非要干些别的什么事，就在该任务后标注一下，然后继续回来完成这个番茄钟。一个番茄钟内要尽量避免干扰。如果遇到了干扰，就把它记录下来，之后再设法避免。
- 如果干扰已经严重影响到了你的工作状态，那么请放弃这个番茄钟，处理好之后再开启一个新的番茄钟。

如果孩子求助家长，比如：“妈妈你看我这个字写得好不好？”或者“妈妈，这道题是什么意思？”这些都是主动打断。因此家长需要辅导孩子作业时，要先花一个番茄钟专门来跟孩子复习重点内容。然后，再让孩子独自开始自己的番茄钟任务。

- 孩子按照番茄计划完成任务后，可设立不同的奖励机制予以选择，例如在时间银行中做一些约定，亲子读书时间 30 分钟、下棋时间 30 分钟、亲子游戏时间 30 分钟等。
- 孩子专用的番茄钟，就专门用于训练番茄工作法。这样孩子会更加重视，也就能更加用心去做训练了。

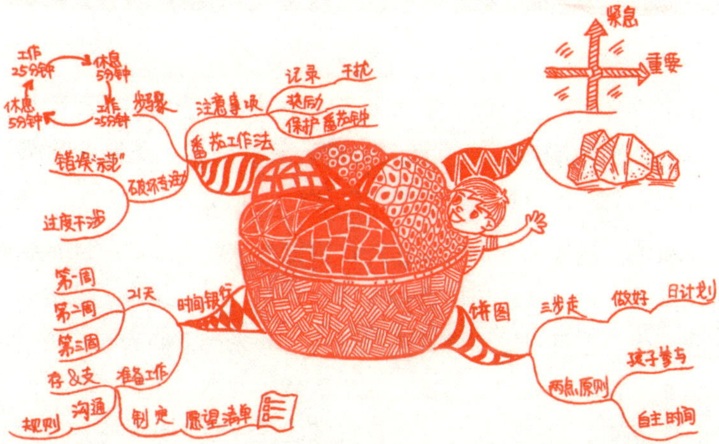

4.7 学员反馈：多亏了番茄工作法，孩子的作业效率提升了60%

现在的孩子晚上要做的事情太多，从回家到睡觉，两三个小时之内要做作业，要吃晚饭，要有运动时间，又要阅读，还要洗漱洗澡。所以，每天晚上，我和女儿都是在催促和忙乱中度过的。

我和她一起做了一日时间饼图，她很喜欢，也知道时间很紧张，要珍惜，基本上可以按照饼图去做事情。只是，我们始终无法解决写作业的问题，作业题目对她而言并不是很难，如果她专心去写，是一定可以在1个小时内就完成的。但是，我们实践了几次，不得不把时间确定为2个小时才可以。因为女儿一会儿找橡皮，一会儿要喝水；一会儿去找半天自己的参考书，一会儿又要给同学打电话确定明天活动的时间。我多次提醒过她，也没有改进。为此，我一直在想，如何解决这个问题，让孩子的作业效率提升呢？

直到我学习了番茄工作法，真的是眼前一亮。天呐，这不就是我梦寐以求的写作业的“绝招”吗？

为了提起孩子的兴趣，我特意做了一点准备。打算从一个故事跟孩子聊起。

“有一个叫乔的学生打算晚上安心做功课。乔准备7点开始看书，但是晚饭吃得太多，想要看电视消遣消遣。乔本想只看一会儿，谁知由于抵抗不住节目的诱惑，待节目看完，已经一个小时了。”

“8点的时候，乔刚想坐下看书，这时朋友打来电话，又聊了40分钟。再去往自习室的路上，看到有同学打乒乓球，手痒难耐，就又打了一个小时球。”

“打完球后，乔出了一身汗，只好去冲洗一番。冲洗完后忽感睡意来袭，只得小睡片刻。睡醒后，由于又打球又冲洗感到有些饿，于是便去吃夜宵。”

“本打算晚上做功课的时间很快就这么过去了，半夜1点，乔才打开书本，但这时她的眼皮子已经不听使唤了，只好‘缴械’，上床睡觉。”

“第二天早上乔对老师说：‘我希望你再给我一次补考的机会，我真的很用功，为了这次考试，我昨晚学到了两点半！’”

“哈哈！”女儿听完这个故事笑个不停，但是马上就意识到自己也是这样，虽然制定了学习计划，但是经常走神，去做别的事情了。

“那后来呢，乔变好了吗，妈妈？”女儿问。

我一听，“有戏”！于是跟女儿说：“当然了，妈妈说过了，凡是总有解决办法。后来呀，乔用了‘吃青蛙’和‘番茄钟’搞定了，不仅能完成作业，还能提前很久，多了很多玩的时间呢！”

女儿赶紧说：“吃青蛙我知道，您说过，就是最重要的事情。番茄钟又是什么呢？”

我转身拿出准备好的番茄钟，“嗖”地一下亮出来。

女儿拿着番茄钟，爱不释手。

于是我跟女儿讲了番茄工作法25+5的工作原理。她一听，觉得很简单，拍着胸脯对我说：“原来是这样，那我们也开始训练吧！”

于是，我们开始实践了。每天，我都会问女儿三个问题：

今天有什么作业？

想从哪只“大青蛙”开始吃？

要用几个番茄钟来完成？

完成了作业清单的排序和预估之后，孩子开始写作业。

有的时候，孩子也会坐不住，惦记新买回来的玩具，或者快递叔叔刚送到家的绘本。但是每次我轻敲一下番茄钟，她也能不好意思地笑笑，低头继续去完成，直到25分钟的铃声响起。这是我和她之间的暗号——“敲番茄钟”就是提醒她要专心。

这样训练了2周的时间，我们再一次做检视反思时竟然发现，孩子不仅预估时间越来越准确，而且都能在设定的番茄钟内完成作业。不知不觉，她已经能在1个小时以内完成作业了。

按照约定，我和爸爸郑重地在家庭会议上，颁发给她“作业小能手”的奖状和奖牌，她高兴地捧着番茄钟连亲了好几下，说：“多亏了它，这可是我的宝贝！”

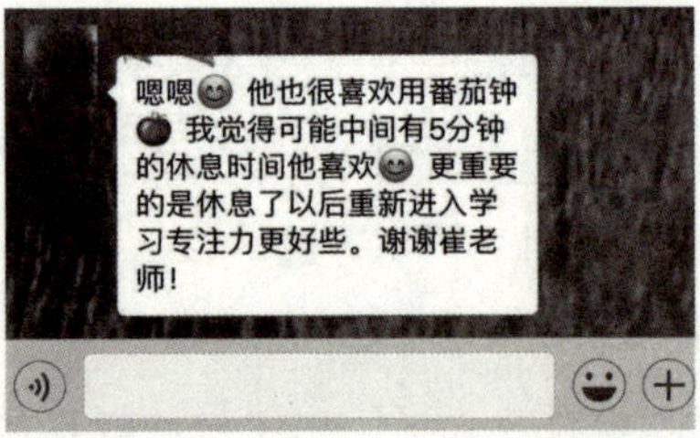

第5章
CHAPTER 5

时间管理训练的场景实战运用

5.1 应对考试做计划，不慌不乱拿高分

一到考前最后的复习冲刺阶段，有些家长就开始着急：眼瞅着就要考试了，孩子一会看数学，一会看语文，东一榔头，西一棒子。弄得自己很焦虑，不知道究竟要怎么复习才有效。成绩出来后，结果自然是很不理想。

如何有效利用时间，提高复习效率，考前准备更加充分呢？

攻略一：先确立考试目标，再制定复习计划

在准备考试时，首先要让孩子非常清楚明确地知道，自己希望达到的目标是什么。如果目标不明确，就算孩子天天坐在书桌前，可能还是没法得到满意的结果。

而目标要越具体越好，比如班级名次要达到多少名，语文、数学需要提升至多少分。目标越具体越可行，越能有的放矢地逐步实现。而且，一定要把目标画出来或者写出来。

请孩子想象一下，如果自己达成这个目标，比如考到班级的前5名之后，那个画面是怎样的，自己的感受是什么？画面越具体、越细致，往往最后实现的可能性就越大。这样能给潜意识下达指令，在复习中更能集中注意力。

确定好目标之后，开始用“倒推法”计算自己还有多少天复习的时间，结合自己现在的水平，合理安排复习要点。

制定复习任务，拆解任务到月计划、周计划和日计划中。

攻略二：提高时间利用率，做好精力管理

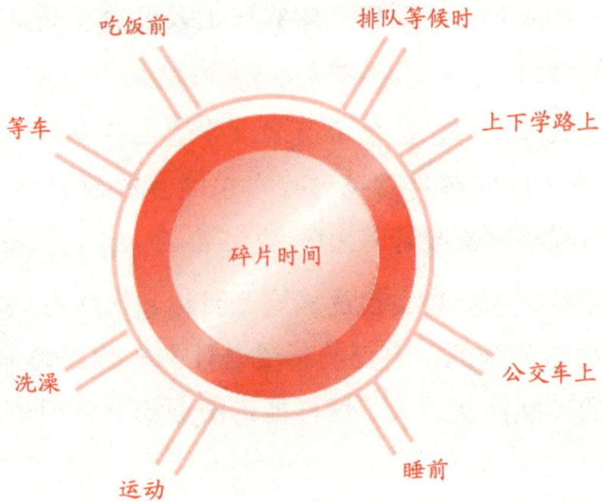

在做日计划的时候，即便孩子知道做事有轻重缓急，还是会面临时间不够用的困惑。

在时间利用与效率当中，存在“二八定律”。在效率最高的“黄金时间”，20% 的投入能产生 80% 的回报；在效率最低的“疲惫时间”，80% 的投入也只能产生 20% 的回报。

因此，提高考前这段时间的利用率，关键在于对精力的管理。

如果按照学习单元的客观情况做划分，可以分为完整时间和碎片时间；如果按照学生的效率高低来做划分，则可以分为高效时间和低效时间。

高效的“黄金时间”：高强度的主动学习

“黄金时间”是孩子精力最好的时间，也是效率最高的时间。可以安排一些高强度的学习任务，做最难的事情，先吃掉“大青蛙”，比如各科的限时训练（尤其数学、英语）难题的重点复习。

儿童时间管理训练营的孩子们，很多都有早起的好习惯。在早上精力最好的时间，进行复习和背诵，往往事半功倍。

只要孩子在黄金时间能够保持不被打扰，高效学习，往往一个小时可以抵三个小时用，而且学习效果会很好。

低效的“垃圾时间”和“碎片时间”：低强度的被动学习

孩子精神状态欠佳的低效率时间是学习的“垃圾时间”。上学和放学路上，洗澡、睡前等时间是碎片化时间。在低效时间内，孩子没有充足的完整时间去进行深入的思考和学习，此时适合安排一些不需要进行思考的低强度学习任务。

表面上低效能时间产出不大，但是合理利用了这些“边角时间”，也能够不露痕迹地完成不少事情。爸妈只要足够细心，就会发现可利用的边角时间太多啦。例如利用上学放学路上听英语、利用睡前的时间进行课外阅读或者利用洗澡的时候听音乐等。总之时间就像海绵里的水，就看你会不会合理安排和利用。

攻略三：一次只做一件事情，专心专注最重要

复习的时间比较紧迫，训练孩子专注于当下的任务，一次只做一件事，非常重要。专注可以提升效率，而且一旦完成专注的事情，孩子就无须再为这个任务烦恼，释放了大脑空间，增加了孩子复习的成就感和愉悦感。

番茄工作法非常适用于考试复习。不管今天的复习任务有多复杂，只要一个番茄钟开始了，就在25分钟之内保持高度专注。时间一到，只要任务完成，就把这项任务从清单中划去，清空大脑，休息5分钟，再重新投入到另一项高效学习中去。

攻略四：定期回顾检视，调整计划

家长可以跟孩子一周回顾一次计划和执行情况，采用PDCA循环法（见4.6.6节），看看哪里做得不好，哪里需要改进，重新做出调整计划，能推进计划更有效地进行。

攻略五：锻炼身体，保持快乐情绪

在孩子复习期间，劳逸结合非常重要。制定计划中，需要有适当的运动时间。我们要培养孩子去平衡学习和生活，保持很好的精力来应对未来更大的挑战。

另外，在考试准备期间，孩子的心理压力会相对较大。父母要安排更多的时间跟孩子聊天，听音乐和运动，帮助他们调节出“快乐的情绪”。

考试的意义绝不仅仅是分数，而是对孩子阶段性学习的考验，也是对孩子心理素质和情绪调节的综合衡量。

攻略六：考试物品有清单，不慌不乱考高分

当孩子终于要上考场了，别忘了跟孩子一起准备考试用品。列清单，收拾物品的过程，也是让孩子梳理思路，专心致志准备考试的方式。

序号	考试必备物品清单
1	准考证
2	笔，尺子，橡皮
3	涂改液
4	文件袋
5	演草纸
6	手表
7	饮用水
8	闹钟
9	润喉糖
10	好心态

家长需要用长远眼光去看待孩子的考试，客观看待考试成绩，要知道，孩子的学习、教育是一场长跑，而跑道的长度就是他的一生。

5.2 周末时间巧安排，学习玩乐两不误

平时有日计划，周计划和作息表帮助孩子合理分配时间，一到周末，孩子活动多，任务也多，其实更加需要在杂乱无章的任务中理出头绪，让他们有条不紊地把重要的事情做完。

5.2.1 如何安排周末时间?

周末本来就是让孩子劳逸结合，前提是孩子完成了必须做的作业。那么家长可以跟孩子约定，把作业设定为周末的“大青蛙”，在有效时间内先吃掉大青蛙，再去安排其他的事情。

应该将周末的时间分为学习模块和生活模块，再去确立相应的目标与任务。其中学习模块包括作业，辅导班和兴趣班；生活模块包括孩子的娱乐项目，体育锻炼，家务实践，社交活动和亲子时光等。与孩子头脑风暴列出任务清单，根据目标将任务进行排序，划分出轻重缓急，再估算所需时长，做出周末的时间计划。

5.2.2 给家长的建议

首先，家长固然都是“望子成龙”，但是我们不能一味要求孩子学习，甚至连周末时间也不放过，让孩子在各种补课班之间疲于奔命。

当然家长也不能放任孩子去玩，让孩子的周末完全放松。

所以，家长的引导很重要，既要让孩子在周末的时候完成作业，也要多帮孩子安排一些有益身心的活动。并且，把这些活动罗列出来，让孩子像点菜一样可以自选，既增加了趣味性，也让孩子做自己时间的主人。

其次，建议家长要预留出时间专门陪孩子，也就是第一章提到的“特别时刻”。其实家长不必觉得有压力，时间不需要很长，10 ～ 30 分钟就足够。越小的孩子需要的时间越长。

在这段时间，家长放下手机、工作，就全身心陪在孩子身边，做个“大孩子”，按照孩子希望的玩法去配合孩子，享受亲子时光就够了。

这样的陪伴，一定会像蓄电池一样，给孩子的心灵充满能量，让孩子信心满满投入新一周的学习和挑战。

5.3 假期规划做得好，开学成绩好一倍

一到假期，没有了学校的约束，很多孩子会晚睡晚起，想玩游戏就玩游戏，想看电视就看电视，完全没了生活和学习的规律。

这样过完假期，孩子不好收心，家长也很头疼。所以，到了假期，建议家长帮助孩子制定一份假期计划。当一个假期完成，再来回顾整个假期的执行情况，会让家长和孩子非常惊喜，原来一个假期可以既过得充实有意义，又可以不忙不乱有秩序。

如何来做一份让孩子喜欢，而且愿意执行的假期计划呢？

步骤一：设立假期目标，为假期取个名字

孩子想过一个怎样的假期呢？家长尽可以让孩子天马行空地去想象自己在这个假期有多快乐，有多少收获而自豪的样子。通过这些想象，让孩子对假期有所期待。当孩子去做内心最想做的事情的时候，感受到的将是快乐和成就感。

建议，家长和孩子给假期取一个名字，增强仪式感，对孩子形成心理暗示，要认真对待这件事情，这将有助于提升计划的执行力。比如孩子梦想成为奥巴马，自己把假期命名为“总统的假期之旅”是不是很有远大抱负？

可以想象得到，孩子的假期，一定会安排得精彩十足。

步骤二：头脑风暴孩子想做的事情，确定假期任务

和孩子一起头脑风暴，把想做的事情全部列出来，鼓励孩子尝试一些新鲜事物，或者平时没有时间做的事情，尽可能多地列出来。

当孩子不知道从哪里开始想象的时候，家长可以给孩子几个方向：要完成的暑假作业，要学习的技能和兴趣班，要锻炼身体的安排，游玩和旅行的计划等。

技能好兴趣班（画画、速算、围棋……）

身体锻炼（轮滑、爬山、篮球、羽毛球、滑板、户外活动……）

旅行，娱乐和社交（同学和朋友聚会，大理游玩，市内的动物园和游乐园，看电视，打游戏……）

生活（充足的睡眠，阅读习惯……）

头脑风暴之后，要跟孩子一起来看看日历，假期一共有几周，多少天。提醒孩子，不是所有的事情都可以做得完的，然后跟孩子讨论，哪些是必须要做的事情，哪些是想要做的事情，做出取舍和优先顺序。

在确定目标的时候，可以按照不同的主题方向进行分段安排，也可以在同一时间段做2～3个方向任务的安排。

要注意的是：

假期规划是对整个假期目标汇总，不用安排具体任务细节，但是要注意的两点是：可衡量性和有时限性。比如设定目标是钢琴达到几级，阅读多少本书，哪周去旅行，这样的目标就制定得很好。更多的细节，放到周计划或日计划中。

比如“看电视”这一项，有必要加上时限，每次看电视的时间为××分钟之内。

步骤三：任务做分解，制定行动计划

这时要用到时间管理很重要的一个技巧——任务分解。我们要培养孩子把大任务分解成小任务去完成的良好习惯，这样能够有效提高做事情的效率。

如果大计划之一是读完15本书，

任务分解之后的小任务是：每周读1本，每天读20页。

如果大计划之一是完成数学作业，

任务分解之后的小任务就是：每周完成15题，每天完成3道题。

这样去引导孩子把一个大计划进行分解，不仅仅培养孩子的时间管理观念，更重要的是让孩子做事情有逻辑。

在指导孩子做每日计划的时候，不需要事无巨细地罗列出来，这样孩子反而抓不住重点，一般列举5～8个关键时间点、关键任务就可以了。

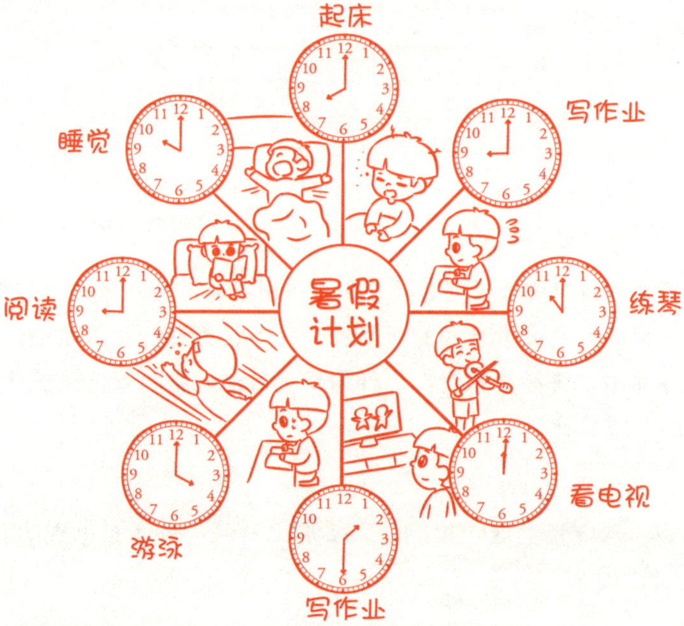

步骤四：跟进执行

有位学员感慨地说："以前都是我给孩子做计划，什么都给他安排好了，他还不领情，执行几天就扔到一边了。现在，我只是提供纸笔和老师给的模板，孩子的积极性居然高了，她会认真去思考自己必须做什么，想做什么，每件事的主次和先后顺序，还有每一件事大概需要的时间等。做好计划之后，她也会认真去完成。我要做的，就是简单提醒而已，真的是太轻松了！"

在训练营中，不仅仅是这位妈妈有这样的感慨，很多家长都意识到：让孩子在时间管理训练中的参与度越高，孩子的责任感和成就感就越强。

5.4 电子时间控制好，告别手机争夺战

孩子沉迷电子产品的危害很多：视力下降，吞噬孩子的注意力，性格越来越孤僻，学习成绩下降，亲子关系越来越差等。家长们都在担心孩子们过度使用电子产品，但又无可奈何，说轻了，孩子不以为然；说重了，孩子又委屈生气。

在家长们抱怨孩子被手机、电子游戏和电视抢走的时候，我们先来看看孩子们是如何迷上这些电子产品的。

有一次，我在火车上看到一位妈妈带着一个小女孩，看起来3～4岁的样子。孩子大概坐久了，有点不耐烦，妈妈一开始还能轻声细语跟孩子说话，后来尝试很多办法都没哄好，就拿出手机给孩子看动画片，孩子立刻就安静了下来，专心看手机。

还有一次，我到朋友家做客。期间她的孩子走出房门，跟妈妈请求要看电视。妈妈问："作业写完了吗？"孩子说："没呢，让我玩一会吧。"妈妈着急地说："作业还没写，就光想着玩，快去写作业。写完作业，妈妈奖励你看半个小时。"孩子不情愿得进房间了，不一会就出来了，作业本递给妈妈说："写完了啊！"转身去看电视了。朋友拿着字迹潦草的作业本，气得说不出话来。

这两种场景，相信大家都不陌生吧？

第一种场景，孩子小的时候，我们想自由一会儿，清净一会，或者为了安抚孩子让自己有时间工作，就会拿手机这类电子产品来"应付"孩子，孩子就不再粘人或者哭闹了。而且，孩子玩电子产品，很快就能掌握按键或者游戏的技巧，家长又觉得孩子很聪明，引以为豪，就更加不那么严格管理孩子看电子产品的时间。直到孩子眼睛近视，或者对手机产生依赖，不想读书，不爱跟人交流，只想沉迷于电子世界的时候，家长忽然视手机为洪水猛兽，严格限制孩子触碰电子产品。

第二种场景，家长把看手机和电视，玩电子游戏，当作给孩子写作业的奖励。从表面上看，孩子们为了得到这个"好处"，有时会不情愿地先去写作业，然后再玩。但是因为心里惦记着后面的"玩"，难免心猿意马，注意力分散，作业完成得潦草不说，学习的效果也大打折扣。甚至，孩子觉得学习是件苦差事，玩游戏才真的快乐，当在学习上遇到挫折的时候，会更加沉迷于游戏，在游戏中寻找安慰和快感。

既然孩子拿起手机最初源于家长的许可，那么如何能让孩子放下手机，有节制地玩呢？解铃还须系铃人，家长们需要按照以下步骤，学会跟孩子沟通，用孩子能接受的方式，合理控制孩子使用手机等电子产品。

5.4.1 沟通前，先“结盟”

有的家长说：“我也想好好跟孩子沟通，可是孩子就是不听，怎么办？”的确，很多家长也反映，一看到孩子不写作业玩手机就特别生气，尤其看到孩子成绩下滑，火气更加难以控制，孩子如果不听话不肯放下手机，还怎么能好好说话呢？

当家长问孩子：“你怎么还不关电视？”或者说：“都玩多久了，你不写作业了？”的时候，这样的表达具有很强的指责的意味。让我们换位思考，孩子是什么感受呢？我们可以想象孩子内心会觉得家长在伸出食指指着自己，像“矛”一样针对自己。孩子本能反应会是怎样的呢？他会竖起一面“盾”，试图把妈妈的矛挡回去。孩子会说：“我作业都写完了，为什么不能看电视？”或者说：“等一会我就关掉。”但是，根本不去做。

当孩子感受到家长对自己的不满和指责，他会认为家长是来跟自己对着干，管着自己的，于是孩子就想办法顶回去或者避开，哪里会想办法去找原因，更别提做好时间管理了。

就像夫妻之间，如果妻子回家就指责丈夫只顾打游戏不做家务，丈夫也会振振有词：“我工作一天了，难道不能休息一下？”这就是彼此站在对立面来对话，自然互相对抗很难达成一致。

那么，家长应该怎么办呢？那就是收起“矛”，放下评判和指责。先深呼吸三下，让自己平和下来，然后从孩子的对立面转身，来到孩子的身旁，跟孩子站在同一方向，对孩子说：“嗯，电子游戏是很好玩，我们能不能想想办法，既能完成作业，也能有时间让你玩游戏呢？”当家长这么做了，也这么说了，孩子的感受会发生什么变化呢？孩子感受到父母跟自己是“一条战线”的盟友，感受到父母对自己的理解和期待，就更愿意配合父母来想解决办法。把孩子当成“战友”或者“盟友”，而不是“敌人”，这样的沟通气氛，本身就容易达成合作。

5.4.2 借助大众媒体的科学依据

如果父母仅仅是将玩电子产品的危害说一通，或者给孩子讲大道理，比如说："现在学习任务重，时间紧张，不能玩手机了。"孩子就再次感觉到家长的"控制"，也就是家长的目的仍然是要"抢手机"。而且，家长还说不好好学习，就不能玩手机，更让孩子觉得学习是一件苦差事，因为学习才不能玩手机，他会更加讨厌学习的。

要想让孩子理解父母的苦心，可以借助"第三方"，比如公众媒体。家长可以带孩子读一篇科普文章，让孩子自己从书面上看到手机的危害。而且书上、杂志上是图文并茂，给孩子内心带来的冲击力会比父母的唠叨和催促大很多。或者，让孩子看一部关于电子产品给人们生活带来的不良影响的纪录片，也能让孩子更直观地看到，玩手机时间久了，会伤眼睛，有不良影响。

我有位朋友，经常吸烟，不管家人如何苦苦规劝，还是无动于衷。直到有一天，他看到一部宣传吸烟有害健康的纪录片，看到人的肺部被烟雾熏黑的恐怖视频，自己吓出一身冷汗，痛下决心戒掉了吸烟。

所以，有的时候“口说无凭”，不如让孩子自己看到、听到和体悟到。当孩子从公众媒体看到“玩手机的时长最好不要超过 20 分钟”等资讯，看到专家或者医生权威的说法，他会意识到这不是父母对自己的限制，而是有科学的依据的时候，就会更加相信和自觉管理屏幕时间了。

5.4.3 启发孩子思考，用启发提问

想让孩子主动做出改变，家长还要学会用“启发式提问”（见 1.3.2）来代替说教、命令和指责。把沟通语言从陈述句和感叹句变成问句。比如，家长可以问孩子：“为了保护眼睛，看电视最好将时间控制在 20 分钟，你觉得怎么做才能达到呢？”或者说：“为了既能按时完成作业，也能有打游戏的时间，你觉得时间怎么安排比较好呢？”

当孩子被提问，他的大脑就开始思考，去想办法。当孩子提出解决方案，经过跟父母的讨论确定下来，他自己就有能做主的掌控感。因为办法是他自己提出来的，执行起来就会更加有主动性。

对于成人何尝不是这样呢？我们在工作中，如果一向都是领导来指派工作，要求我们只能按命令来执行，日复一日，人就会失去工作的主动性，感受不到工作中挑战带来的乐趣和成就感。反之，如果领导愿意提问、倾听，并采纳我们的意见，执行起来的主动性就会大大提升，即使在过程中遇到挫折和困难，也会积极想办法去解决，是这样吗？同理，孩子的积极主动性，也需要父母通过“启发式提问”来多多激发。

5.4.4 向游戏学习定规则

孩子玩游戏的规则到底怎么来定呢？我们可以参考游戏的规则。

大家可以想一想，孩子为什么会沉迷于游戏呢？我们发现游戏的规则有两个特点。

第一，游戏分为不同层级，每个层级都有小目标

游戏在设计上，特别注重设置层层关卡，一级一级设立小目标，让孩子技能提升了才能过关。这样，孩子在玩的时候，每通过一个关卡，会特别有成就感。不知不觉，一级一级打下去，沉浸在其中，浪费了很多时间。

第二，游戏会给孩子及时反馈

每当孩子打得好，或者通关的时候，游戏里面都会有积极的反馈给孩子，比如："真棒！""太好了！""好厉害！"等，或者有掌声、欢

呼声和尖叫声。总之，游戏中，孩子的行为都会得到及时的反馈。孩子就不会觉得枯燥，反而动力十足，甚至一鼓作气。

根据上面提到的游戏的特点，作为家长，我们可以思考，如何借鉴呢？

比如，跟孩子约定每天玩游戏的时间是20分钟，如果能够保证一周五天遵守的话，周末就增加半小时。这样孩子遵守了约定，就可以体验“升级打怪”的乐趣和好处。如果家长可以在孩子遵守约定的时候，及时给予鼓励，孩子就会从父母的鼓励中获得满足和自信的力量，慢慢养成自律的好习惯。

5.4.5 屏幕时间要定时定量

约定一天20分钟看电子设备的屏幕时间，剩下的交给孩子来选择。但是当孩子选择之后，尽量将时间固定下来。比如，写完作业后玩20分钟，或者写作业前玩20分钟。

切忌今天回家就玩手机，明天写完作业再玩手机，随性而为。因为人的大脑和身体是有记忆的，当孩子适应这样“屏幕时间＋作业时间”或者“作业时间＋屏幕时间”的模式，并且固化下来，就会在固定写作业的时间，切换到作业模式；当到了玩的时间，切换到玩的模式。

定时定量，是为了经过长期的训练，让孩子适应这样的切换，到什么时间做什么事。像编好的程序一样，到时间启动就是了。比如，我们坐到餐桌前，拿起筷子去夹菜，是自然而然的动作，不需要花费时间来熟悉。

在前面讲到的作息表，也是同样的原理。将孩子的生活和学习习惯尽量流程化、程序化，“习惯成自然”之后，孩子知道每件事后面还有什么事情，大概需要多长时间，慢慢就有了时间管理的意识和能力。

5.4.6 约定电子产品的使用场合

要跟孩子明确开始玩的时间，玩的时长，也要明确玩的场合。不能在吃饭的时候玩，因为心不在焉，会影响消化不良；不能在睡前玩，因为会让大脑兴奋，不容易入睡，假如躺着玩就更麻烦了，更容易影响视力。

我有位朋友，夫妻常年驻外，家里老人觉得孩子在床上玩会手机也没什么，就没有在意。结果因为总是躺着玩手机，用眼不注意，孩子小小年纪就早早地戴上了高度近视镜，给学习和生活带来很大的不便。

在能保证孩子身体健康的前提下，才能让孩子自由选择其他玩游戏的场合。

5.4.7 约定奖惩措施

当孩子提前关掉电子产品，就把节约的时间存在时间银行，让孩子看见自己节约的时间能够有更大用处。

当孩子不能及时履行约定，可以尝试给孩子增加玩手机的“附加条件”，增强反向刺激。比如玩手机每超过5分钟，就要写一篇字，超过10分钟，就增加一篇。再多，就要取消1周的看屏幕时间。

这样，孩子每次在玩手机/iPad的时候，一想到还要练字，好累啊，就会下意识地去控制时间。当孩子在心理上把“玩手机＝练字”的时候，就不会再把玩手机当作好玩的事情了。

心理学也是如此，当人们把一件事和不好的体验总是能联系到一起，形成条件反射，自然就会减少做这件事的“瘾”。

反之，如果孩子每次主动在闹钟响起的时候，自己关闭电子产品，都会得到父母的鼓励：“宝贝，谢谢你，能够遵守我们的约定。到了时间，你自己就把电视关掉了，这就是自律。”孩子就会获得心理上的满足，对自己越来越自信，慢慢地，习惯成自然，就不再挑战玩手机的规矩了。

5.4.8 如何提醒孩子游戏时间

假如父母跟孩子约定了游戏的时间是20分钟，如何来定时呢？如果总是家长来提醒，孩子就会有依赖性，会把全部注意力放在游戏上，等着家长来提醒。而且孩子玩得正起劲，妈妈来催促，孩子会有逆反，因为要硬生生地要把注意力从有趣的游戏里面分散出来。

建议家长给孩子用沙漏计时，替代家长的提醒。因为沙漏摆在孩子面前，抬眼就看得见，漏了多少，剩下多少，孩子心里就有数了。当孩子心里有了预期，自己就会衡量："这局玩完了，可能再开始下一局就没时间了，今天就到这里吧。"当沙子流到底，跟孩子预期的大致相同，孩子内心还会有一种对时间把控的成就感。

或者用有刻度的定时器，也能达到这样的效果。大家还记得番茄工作法吗？就是通过有刻度的定时器来让孩子直观地看到还有多长时间。同时，番茄钟的"滴答"声，也能让孩子有紧迫感，知道注意时间的流逝。

巧妙地借助工具，替代了家长的提醒和催促，避免了孩子和父母的冲突，让孩子自己管理自己的屏幕时间。

5.4.9 孩子玩手机不撒手，家长如何不发火

在孩子开始进行训练的时候，尽管有沙漏，难免也需要家长在旁边给“加把劲”来督促孩子。比如，在到规定时间的前 5 分钟，要提醒孩子：“时间快到了哦。”或者轻轻敲一下桌面，示意孩子留意沙漏还剩下多少沙子。这么做，比粗暴地抢走手机，更容易让孩子有心理准备，更容易接受。习惯养成之后，就放手让沙漏和定时器来做“小小监督员”就可以了。

如果到时间孩子能够自觉关上电子产品收起手机，家长就要通过鼓励来正向强化孩子的行为。比如说，“咱们约定好 20 分钟，你就玩儿了 20 分钟。妈妈看到你很自觉地关上了电脑，遵守我们的约定，这就是自律哦！”

第二天，孩子又做到了自己关掉电子产品的时候，家长也接着说：“哇！真不错！宝贝，你能说到做到，妈妈非常欣赏这一点。”

家长要重复这样的鼓励，就像游戏一样，及时给到孩子正向的反馈。时间长了，孩子就知道按照约定来执行，不仅能在玩的时候轻松愉快，也能在放下手机的时候仍旧有非常愉快的心情，产生很强的掌控感和成就感。

如果孩子意犹未尽，磨蹭着犹豫是否关掉，家长可以给到孩子有限的选择，问他：“你想要自己关还是妈妈帮你来关呢？”一般情况下，孩子都会选择自己关上，因为孩子总是希望有自主权和掌控权。

如果孩子还是不想关掉，家长要和善而坚定地就合上手机或者电脑，然后安抚孩子的情绪。家长自己的情绪首先要保持稳定，而不能孩子一不遵守约定，自己就先急了。家长的急躁情绪传递给孩子，孩子也

难免会“顶回去”，或者暂时因为害怕，不情愿地关掉，会偷偷地找机会自己玩。

有的家长来信说：“当看到孩子不关手机的时候，想到影响视力，就为孩子担心。再一想到，玩游戏影响学习，真的很难做到不发火。”是的，家长们担心和焦虑，都是很正常的。但是我们要看看孩子玩游戏背后的动机是什么。

有的孩子玩游戏是因为有趣，当没有其他可以让他更感兴趣的事情可做时，孩子自然会把注意力放在游戏上。

有的孩子是因为社交而玩。看到别的小朋友谈论某个游戏，自己却不会，觉得丢脸，觉得融入不到朋友当中，所以，自己也想玩。

有的孩子玩游戏是为了放松，觉得学习之外，玩游戏能让自己暂时忘记学业的压力……

所以，从表面看，都是在玩游戏，但是孩子的动机却不一样。家长需要去观察，倾听孩子的心声，才能更好地跟进执行，让孩子放下手机和游戏。

如果孩子是因为有趣而玩，说明家长和孩子开发的兴趣爱好比较少。当没有其他事情能吸引孩子的注意力，孩子只能选择游戏。如果家长意识到这一点，引导孩子做一些其他的事情，比如画画、下棋等。父母还可以跟孩子一起玩的游戏也很多，比如猜字游戏，比如一起打羽毛球……家长会发现，比起游戏，孩子其实更愿意跟家长在一起享受亲子时光。

而现实的情况却是，家长们回家还会惦记工作，或者拿着手机自娱自乐，当孩子希望父母一起玩的时候，父母的回应往往是：“你都这么大了，你自己玩吧。”或者“妈妈没时间，听话啊！”当孩子找不到更有乐趣的爱好，或者得不到父母的陪伴，就会转向电子游戏，享受电子游戏带来的“陪伴”和“积极反馈”。说到这里，各位家长，回家是否可以放下工作和手机，看着孩子的眼睛，跟孩子好好聊聊他喜欢做什么？

如果孩子是因为想跟同伴同步而玩游戏，家长要引导孩子。想融入伙伴，除了会打同一个游戏，还可以有其他话题。家长可以跟孩子玩“角色扮演”的游戏，模仿孩子跟小伙伴在一起的场景。比如，家长说：“哎呀，其实你那天做的那道题，真的很难，我想了半天都没想出来，你能教教我吗？”这时，孩子会意识到，原来交流学习，也能促进跟小伙伴的友谊，并不是只有游戏才可以拉近彼此的关系。

如果孩子是因为学习压力大而玩游戏，家长就要格外注意了。家长不能说：“你不能逃避学习！”而要换成：“嗯，现在学习不够理想，一定还有哪些可以改进，我们一起来想想，用什么方法既能把学习成绩提升，又能让你玩喜欢的游戏。”当用“我们”代替“你”时，就消除了孩子的顾虑和反抗，让孩子看到父母跟自己是一起想办法解决问题，孩子自己也会主动起来。

只有家长接纳孩子的状态，仔细观察孩子玩游戏的真正原因，才能做到不发火，平和地跟孩子沟通，站在孩子的角度一起想办法。

5.4.10 游戏时间的切换

当孩子选择先玩游戏再写作业的时候，家长往往担心，孩子正玩在兴头上，妈妈喊："快关掉游戏机，去做作业了！"孩子特别不情愿，没有办法马上停下游戏去写作业，怎么办？

当孩子的注意力全在游戏上，马上就切换到写作业这件事，确实很不容易。因为大脑此时要做两件事：一件事是叫停正在玩游戏的兴奋神经；另一件事是开启下一个动作，马上去写作业。这两件事放在一起，我们可以想象，在短时间切换多难啊！

那如何让孩子从游戏的兴奋中冷静下来，把孩子的心思转到作业上来，专心学习呢？家长可以帮助孩子设置中间动作进行切换。

在孩子的游戏时间到了之后，不要让孩子马上去学习，而是给孩子一个"水果时间"。比如，妈妈可以走到孩子身旁，告诉孩子："孩子，我相信你会遵守我们的约定，玩20分钟的游戏就自觉关掉。关掉之后，我们一起吃点水果哦。"当孩子到了20分钟，就可以关掉游戏机，转而过来吃水果，而不是马上进入写作业的状态。

等孩子吃完水果，大脑的兴奋神经也放松下来，这时候，妈妈再提醒孩子："现在已经7:30了，到写作业的时间了，去学习吧。"孩子需要做的就是：开始学习。

家长也可以灵活运用。比如，带孩子做几个俯卧撑或者拉伸动作，都可以帮助孩子进行切换。

当孩子从游戏状态到写作业之间，增加了轻松的环节，切换就不那么痛苦了，大脑就不会排斥写作业了。因为定时定量形成日常的行为习惯，孩子的自控力就会越来越强。

总之，现代社会，每个人都离不开手机，如果一味地采取强制隔绝的方法，有可能是阻断孩子与正常社会的连接。而且，所有的现象、行为，都隐含着孩子心理层面的需求，如果这方面不能满足，再好的方法和工具，都有可能失效。如果孩子在除了电子产品以外的其他事情上，能得到足够的机会、支持、鼓励和爱，他是不需要沉溺在屏幕里的，也就不会产生网瘾之类的后果。

家长除了恼火孩子玩手机、玩游戏之外，更应该考虑安排大量的免于使用屏幕的其他活动，比如带孩子去运动，去跟同龄孩子交流互动，鼓励孩子培养其他的兴趣爱好，例如学习乐器、练习搭乐高、轮滑、书法、绘画、唱歌等。同时，要关注孩子是不是把玩游戏，当成了摆脱学习压力的“借口”，及时帮助孩子提升学习能力，而不仅仅流于表面教训孩子放下手机。

随着时间的推移，当孩子形成了习惯之后，他们慢慢会习得其他的方式来娱乐放松自己。你会发现，当你尝试将孩子的时间填上其他的兴趣爱好、丰富多彩的活动之后，他们对于电子产品，也不再执着了。

5.5 学会整理和收纳，东西不乱效率高

一些家长只重视孩子学习成绩的好坏，不在意孩子动手整理自己物品的能力，包办孩子的生活，为孩子做好一切，以为这是给孩子腾出时间来学习，提高成绩，其实是错了。学生对物品的整理能力反映了他对所学知识的总结归纳能力。生活上杂乱无章的后果将导致学习知识时同样也是逻辑不清。

收拾整理的好习惯有助于培养孩子的自我管理能力，让孩子有条不紊地安排时间和生活，提高学习效率，预防和矫正拖拖拉拉、丢三落四的坏习惯。

例如，一个孩子能把自己衣柜整理得井井有条，这就是一种能力。其实，小小的衣柜学问很大，衣柜中的衣服四季不同，长短不一，薄厚不一，面料各异，能把它们分门别类、叠放整齐的孩子一定是条理清晰、行动力强、思路清晰的孩子。

小收纳，大学问

下面一起来看看，怎样让孩子从小养成收纳整理的习惯吧！

5.5.1 小收纳，大用处——让孩子理解收纳的意义

家长可以跟孩子进行一个小交流，例如："如果把你的玩具（或者书本）和其他小朋友的弄混，谁都找不到自己的东西，大家会不会开心？"当孩子们说不愿意、不开心时，家长可以告诉孩子："学会把自己的玩具或者物品整理好是很重要的。如果你们不整理、放好这些东西，我们的家会乱成'狗窝'，你会经常找不到东西。你想不想这样啊？"当孩子说"不想"时，收纳整理的启蒙就开始了。也可以跟孩子一起来阅读绘本，绘本里的小男孩因为被自己乱丢的东西绊倒，哇哇大哭。讲完故事后，家长和孩子们发起一个关于小男孩的讨论，鼓励孩子将自己和小男孩进行比较，指出养成随时随地收拾好东西多么的重要。家长进一步引导孩子说："如果学会了整理东西，那么你将会在任何时间、任何地点都能轻松地找到你想要的东西了。"

5.5.2 手把手教给孩子整理玩具和生活用品

用过的东西放回原处

清晨出门，找不到自己的衣服、书包、帽子了；在做作业的时候，经常找不到橡皮、铅笔……这样的场景是不是经常发生呢？如果有，就赶紧开始帮助孩子养成把用过的东西放回原处的习惯吧！物归原位，这是初级的整理收纳训练。在放回原位的过程，孩子逐渐对空间和归类有了认识。

帮助孩子分解工作步骤

从孩子生活的小区域开始训练。例如，训练孩子把绘本放到书架，把玩具收到玩具柜子里。

家长要亲自示范，将工作步骤进行拆分（见1.3.1），先模仿，再领悟，最后独立动手。

一旦孩子自己把物品收纳归位，将体验到亲自动手带来的成就感。多次反复，逐渐形成一种习惯。

让孩子在游戏中学会收拾东西

没有哪个孩子会拒绝与父母一起玩耍的机会，日常琐碎的家务事，也能变成有趣的亲子游戏。比如，练习给物品分类，可以设计让孩子给袜子配对；辨别哪些衣服是爸爸的，哪些衣服是妈妈的；还可以跟妈妈比比赛，按照季节将衣服进行分类，放进不同的箱子里。

一旦将收纳整理和游戏结合起来，孩子的兴趣就被调动起来了。孩子在玩的过程中，慢慢学会了整理的种种小技巧。

5.5.3 教给孩子整理书包和学习用品

那么，书包到底怎么整理呢？怎么培养孩子自己整理书包呢？

有以下三个步骤：

① 步骤一：列出书包里所需物品的清单

对照课表，将第二天需要的书本准备出来，进行分类。

- 按功能性分类。把课本、作业本、文具按类分好。水杯、纸巾放在书包侧面的小包里。
- 按学科分类。按照语文、数学、英语等学科来分类，具体看孩子的使用习惯，觉得哪种更顺手就用哪种方式。
- 准备几个A4透明文件袋，将各学科零散的资料装入其中，袋内资料再按大小顺序逐一叠放。

② 步骤二：将物品一一查验，收好

孩子每天都需要在完成作业之后削铅笔，将削好的铅笔放回笔袋，这时候也正是整理书包的下一个步骤——放回。

书本封面朝上，先往书包里放入上课用的大书本，再放作业本、记事本，最后放笔袋，不用的别放入。

③ 步骤三：对照清单，查看是否全部带齐装好

结束之后，爸妈们可以准备一本好习惯贴纸月历，贴上贴纸或者盖上印章，以示奖励。

接下来就是强化和反馈。就算孩子可以自己做，爸妈也要陪着他一起练习几天。

等孩子记住该怎么做之后，要常常称赞他“你每天整理书包，真整齐！”这样孩子才能持续下去。

帮助孩子养成每日整理习惯，妈妈们都要经历一个带领、督促、放手的过程，刚开始是给孩子示范、和他一起学习如何整理书包，接下来的一段时间检查督促孩子每日自行整理的情况，最后，妈妈们一定要学会放手，让孩子独立承担整理书包这项任务，以及不整理书包带来的后果。并和孩子说明自己会不定期抽查，让孩子不要中途懈怠、偷懒。

第 6 章
CHAPTER 6

实践运用——小峰的时间管理改变计划

6.1 小峰改变计划前，拖拖拉拉让人愁

小峰是家里的独生子，长得可爱，而且很聪明，5岁就会背几百首古诗，数学思维也很快，亲戚朋友们都说："这个孩子将来肯定有出息。"

然而，小峰的爸爸妈妈却很头疼，因为上小学后的小峰没有时间观念，管理不好自己的时间，经常晚睡晚起，上课也不能注意听讲，期末考试，成绩已经是班级倒数第三名。

改变前，小峰的时间管理是怎样的呢？让我们来看看，小峰的日常生活片段吧。

放学回家，小峰就嚷着累，打开电视，一屁股坐到沙发上就不动了。妈妈让小峰去写作业，小峰嘟着嘴说："就知道让我写作业，我才不要。妈妈，让我再看30分钟吧。"

爷爷奶奶心疼孙子，也在一旁帮忙求情："就让他再看一会吧，孩子上一天学也不容易，让他放松放松。"

没办法，就只好让小峰再看30分钟。可是30分钟到了，小峰还是在看电视。妈妈压抑着生气的情绪，什么也没有说。

一晃儿 45 分钟过去了，1 个小时过去了，妈妈实在忍不住了，来到小峰的面前，于是发生了下面的对话……

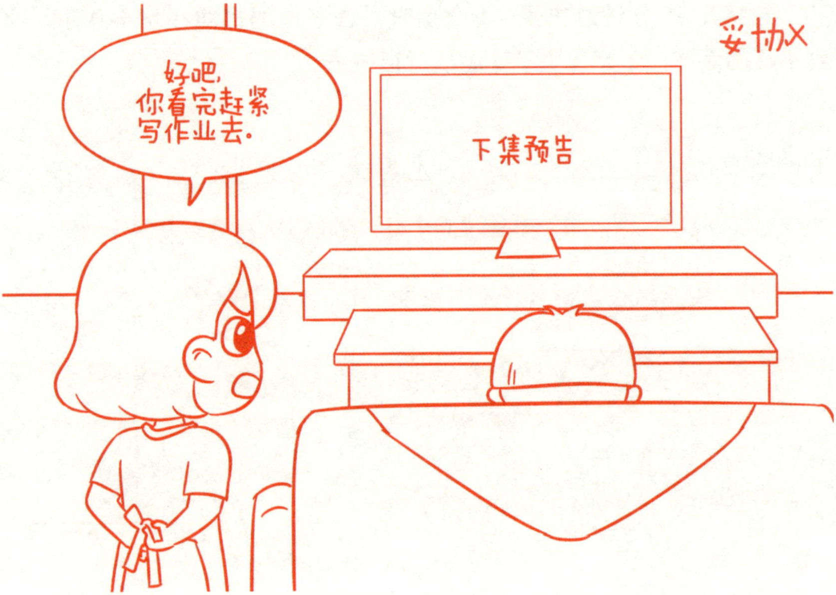
妥协X
好吧，你看完赶紧写作业去。
下集预告

20分钟后……
你这孩子，怎么还没关电视？说好了看30分钟，你看看时间，现在都看了1个多小时了！
你这孩子，有没有时间观念？你的作业又要写到晚上12点了。哎呀，真是的—
唠叨X

妈妈唠唠叨叨说了10分钟，小峰才不情愿地关掉电视，满脸沮丧，一步一挪地走回房间，嘴里嘟囔着：“就知道催催催，唉！”

这一幕，是不是很熟悉，几乎在每个家庭都上演过相似的片段，家长不停地催促，孩子不紧不慢。直到最后，双方都弄得不愉快。

小峰的爸爸妈妈想让孩子管理好自己的时间，却苦于不知道从何下手。

后来偶然得知我们的儿童时间管理课程，专程找到我。听了小峰父母的来意之后，我笑着说：“小峰的案例非常典型，是由于没有给孩子培养时间观念，没有对孩子进行日常时间管理的训练。只要经过系统的训练，孩子的改变会非常大。

我们进行时间管理的训练，目标是在家长催促孩子之前，孩子就能够自己知道该做什么，然后主动去做。

早上上学不迟到，回家先完成作业，睡觉之前把第二天需要的东西准备好，准时跟爸爸妈妈说晚安，然后早早睡觉。这样，孩子就可以合理安排自己的时间。”

小峰的爸爸妈妈听了很高兴，急切地问：“那怎么改变？”

Tips:

- 面对孩子的拖拉磨蹭，家长要根据孩子的性格特点，分析拖拉磨蹭的类型，对症下药。
- 避免使用传统的命令、说教和唠叨的养育方式，让孩子产生依赖和逆反心理。

6.2 改变计划：家庭会议来开启，孩子改变进行时

根据小峰的性格特点，分析了拖拉磨蹭的类型，我们制定了小峰的训练计划，一切开始悄悄发生改变了……

周三，是家庭会议时间。

启发式提问

尝试让孩子做决定

接下来，爸爸妈妈跟小峰一起讨论，每次看电视的时间为 45 分钟，由小峰自己定好定时器。定时器一响，小峰就要关掉电视写作业。

Tips:

- 将时间管理的责任交还给孩子，尝试放手，让孩子有选择权和参与感。
- 有的时候，孩子做出的选择并不科学，请家长给予耐心和接纳，让孩子从错误中学习，体验自然后果。要让孩子知道，不遵守时间会有什么后果，孩子就会很自觉地管理自己的时间。

6.3 改变计划：承担后果试一试，孩子自己有意识

第2天，小峰回到家里，小心翼翼得问妈妈："妈妈，我真的可以先看电视，再写作业吗？"

妈妈面部表情平静地说："是呀，小峰，管理好时间，是你自己的事情。妈妈相信你，可以做到的。"

小峰一听蹦了起来，放下书包，就奔着电视去了。

30分钟过去了，45分钟过去了，1个小时过去……小峰还是没有关电视。

一直到妈妈来提醒小峰吃饭了，小峰才看看表，吐了吐舌头，关上了电视。

当晚，小峰的作业写到很晚，后来特别困，小峰趴在书桌上睡着了……

询问孩子的感受
小峰，怎么了？
看起来不大高兴啊。
昨天晚上，写着写着睡着了，
今天因为没有写完作业，
被老师批评，还取消了我
这周做升旗手的资格。

认同孩子的感受
因为没有完成作业，
被取消了升旗手的资格
小峰一定很难过。
点头

启发式提问

尊重孩子的选择

真的没想到，小峰从那天起到家就写作业。剩下的时间，妈妈也按照约定让小峰自己安排。出乎意料地，小峰并没有将这些时间用于看电视、打游戏，而是利用这些时间阅读和练习课外班的作业。有的时候，还会跟爸爸妈妈玩飞行棋。妈妈心里的大石头，终于落了地。

Tips:

- 当孩子沮丧和难过的时候，请家长站在孩子的角度，接纳和理解孩子的情绪，引导孩子说出自己的感受。
- 多用启发式提问，让孩子学会自己思考解决办法。孩子的进步，就是在错误中慢慢习得的，时间管理的能力，也不能一蹴而就。

6.4 改变计划：时间观念树立好，孩子不拖不磨动作快

虽然孩子并不是故意拖延，跟家长对抗，但是在日常生活中还是常常因为这个原因，跟家长发生冲突。

改变训练开始之前的每天清晨，小峰总是被妈妈催促："小峰，该起床了，到时间了，快点快点！""哎哟，我的祖宗，你怎么还在被窝里面啊，这都快迟到了！""小峰……"

这样的对话，每天重复，但是小峰的行动并未见快，妈妈也是又气又急，唠叨完之后，自己也很苦恼，如何让孩子树立时间观念，在规定的时间内去做该做的事情呢？

训练开始后，小峰妈妈首先做的就是训练孩子认识时钟和时间，同时将日常的活动事件与时间结合在一起，用启发式提问的方式让孩子自己思考下一步该做什么了。

用“时间+事件”提醒孩子
小峰，7点钟了，
到起床的时间了。

让孩子跟沙漏比赛
妈妈，我今天又
比沙漏快呢！

用“时间+事件”提醒孩子

启发式提问

就连平时聊天的时候，妈妈的对话方式也做了调整，会有意识地引入时间的概念。

妈妈经常会问小峰："小峰，现在是几点了？"或者"咱们几点出门呢？"

妈妈故意不让小峰去看时钟，而是让小峰来猜一猜，还会用"猜错了，现在5点钟哦。"或者"哈哈，猜对啦。"这样的做法，营造出游戏的欢乐气氛，让小峰玩得很开心。

现在，小峰经常也会问妈妈："妈妈，现在5:30分了，是不是到了吃晚饭的时间了？"或者会说："我们要在8:10分出门，要不然赶不上公交车了。"

看，这就是小峰的变化，时间观念一点点树立起来了。

Tips:

- 父母有意识地帮助孩子把"时刻""时间"和孩子的"行动"联系起来，就能帮助孩子在生活中自然而然地理解时刻的意义和概念。
- 用游戏化的方法，引发孩子的兴趣，让孩子愉快地学习时间管理的方法。

6.5 改变计划：记录时间做约定，孩子的时间自己管

当然，这些还不够呢，因为我们还要帮助孩子学会估计做一件事情的时间，进一步培养孩子的时间观念。

妈妈和小峰又重新制定了时间计划，规定了起床到出门前的时间，根据实际记录的时间表，做了调整，每一项的时间都做了规定。

制定完之后，妈妈和小峰一起制作了便签，完成一项，就可以打√。每天回顾一下，有没有做到，问题出在哪里。

果然，小峰早上的时间，变得越来越高效。每天自己就能快速完成任务，吃好早餐，准备出门。偶尔，小峰还跟爸爸妈妈来比赛，然后一家人开开心心出门了。

Tips:

- 记录时间，让孩子了解自己的时间“去哪儿”了。家长要花时间训练，耐心教给孩子生活的技能，在“会”的基础上，再培养“快”的能力。
- 在跟孩子的对话中，多提问和启发，让孩子做主，培养孩子解决问题的能力。

6.6 改变计划：轻重缓急排清楚，清单解决大问题

最近，小峰在准备期末考试，各个科目都要复习，难免有点急躁，不禁跟妈妈抱怨：“我的时间都不够用了。”

妈妈关心地说：“小峰，最近要复习考试，希望更有效地利用时间，是吗？”

小峰点点头，又说：“可是我真的不知道该怎么办，总是觉得有好多事情要做，又不知道该从哪一件做起。”

妈妈走过来，拉着小峰在沙发上坐下：“好的，小峰，我们今天就来看看如何根据事情的轻重缓急，合理安排时间，好吗？”

是的，训练改变前，虽然小峰已经有了时间观念，同时学会了按照规定的时间完成任务，但是，因为孩子上学后，要做的事情越来越多，要充分利用好从放学回家到睡前的时间，还真的不容易。

所以我教给小峰的父母要引导孩子来思考，什么是“必须做的”，什么是“想要做的”，然后让孩子分别列出来，这就是时间管理的“列清单”。

小峰妈妈对小峰说：“我们一起来思考一下怎么样，你想做什么呢？”“有哪些事情是必须做的呢？”

这个时候，父母需要注意，家长的意见要先放一边，不要先说：“你应该做……。”

列清单的时候，可以让孩子写得具体一点，比如，看电视，要写清楚 × 点到 × 点，打算看什么节目；写作业，要预估一下有哪些作业，需要几个番茄钟。具体做法可以回看“番茄钟”介绍的章节。

按"紧急""重要"程度排序

启发式提问

启发式提问

英语辅导班，跆拳道。
做完这些，我就可以回家了。
还有，马上就要围棋比赛了，
我还要多多练习呢。
好，我们把这一项列为
A级优先级。接下来呢，
什么事情是第二紧要的呢？
点头

启发式提问

还有奥数，
今天的内容比较难
我还要再复习一下。
哦，对了，还有一篇
观后感要写。
还有别的学习任务吗？
再想一想呢？

启发式提问

给孩子选择权

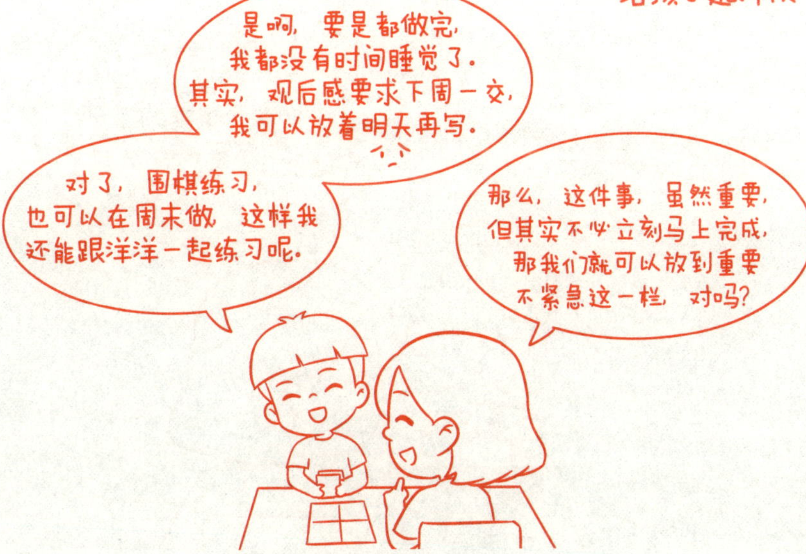

给孩子选择权
对，这样我从辅导班回来，就可以吃完饭，然后做作业，复习奥数，这些都做完的话，也到了10点了。
那今天还要看电视吗？

鼓励孩子
不看了，太忙了，明天再看吧。
好，小峰已经根据自己的需要，做出了排序呢。那我们就把这些刚才商量好的，要完成的任务贴上你的任务板，怎么样？

就这样，小峰和妈妈一起，根据优先顺序，对任务进行了排序，然后贴在家里最显眼的地方。

“好棒，做完啦！”每次完成一件任务，小峰就把便笺纸揭下来，这种类似游戏的方式产生的愉快心情，促使小峰做事又快又好，干劲十足。

Tips:

- 父母通过提问的方式，引导孩子做出“任务清单”。根据重要和紧急程度，理清做事情的优先顺序。
- 用和善而坚定的态度，不急不吼，督促孩子按照自己的计划去行动。

6.7 改变计划：番茄工作法来帮忙，孩子成绩不用愁

小峰放学回家，高兴地对妈妈说："妈妈，我今天被老师表扬了，说我最近的作业完成得非常好。我现在学会给要做的事情排序，感觉能做很多事情，效率高了，也轻松很多。"

妈妈听见了，马上走过来，表扬小峰："小峰，这些都是你努力的结果，妈妈也很为你高兴。"

小峰接着说："妈妈，可是我还是想更快一点。有的时候，写作业我会溜号，然后还要重新集中注意力，就浪费了很多时间。妈妈，有什么好办法吗？"

妈妈听见小峰这么说，马上笑了："小峰，你现在越来越棒了，自己思考可以做哪些改进了。"妈妈接着说："你说的对，在学习的时候，重要的不是学习了多长时间，而是有没有集中注意力。"

小峰点点头。

于是妈妈接着启发小峰思考……

启发式提问
小峰，你想一想你在做什么事情的时候会比较容易集中注意力呢？
做我自己喜欢做的事情的时候，最容易集中注意力。
启发式提问
那怎样会觉得写作业是一件让人开心的事情呢？
不知道。

引发孩子的兴趣
如果做一件事情，需要很长时间，就会觉得难，自然就产生畏难的心理，做的时候，就会想溜号，让自己休息休息。所以，今天妈妈就要教给你一个世界上非常受欢迎的方法。
是什么方法，妈妈快告诉我啊！
这个方法，叫做番茄工作法。原理非常简单，就是学习了25分钟，休息5分钟，叫做一个番茄钟。每次学习了4个番茄钟，就要休息一段时间，比如半个小时。
这个方法能管用吗？而且，我做不到25分钟怎么办呢？

那你能集中
注意力15分钟吗？
时间那么短，
我肯定能做到！

哇，
已经学习了4个番茄钟，
60分钟呢！
很轻松就达到呢！

经过训练，小峰的番茄钟时间
增加到20分钟…25分钟。
越来越专注了！

期末考试的时候，小峰成了班级的第三名，高兴地拿着成绩单给爸爸妈妈看，骄傲地说："现在，我的时间我做主！我要好好利用每一秒，成为一个管理好时间的小能手！"

爸爸妈妈相视一笑……

Tips:

- 使用番茄工作法，劳逸结合，培养孩子的专注力。
- 关注孩子的努力和进步的过程，用"鼓励"陪伴孩子的训练。

读者意见反馈表

亲爱的读者：

感谢您对中国铁道出版社有限公司的支持，您的建议是我们不断改进工作的信息来源，您的需求是我们不断开拓创新的基础。为了更好地服务读者，出版更多的精品图书，希望您能在百忙之中抽出时间填写这份意见反馈表发给我们。随书纸制表格请在填好后剪下寄到：北京市西城区右安门西街8号中国铁道出版社有限公司综合编辑部 巨凤 收（邮编：100054）。或者采用传真（010-63549458）方式发送。此外，读者也可以直接通过电子邮件把意见反馈给我们，E-mail地址是：herozyda@foxmail.com。我们将选出意见中肯的热心读者，赠送本社的其他图书作为奖励。同时，我们将充分考虑您的意见和建议，并尽可能地给您满意的答复。谢谢!

- -

所购书名：________________

个人资料：

姓名：________性别：________年龄：________文化程度：________

职业：________电话：________E-mail：________

通信地址：________________邮编：________

- -

您是如何得知本书的：

□书店宣传 □网络宣传 □展会促销 □出版社图书目录 □老师指定 □杂志、报纸等的介绍 □别人推荐

□其他（请指明）________________

您从何处得到本书的：

□书店 □邮购 □商场、超市等卖场 □图书销售的网站 □培训学校 □其他

影响您购买本书的因素（可多选）：

□内容实用 □价格合理 □装帧设计精美 □带多媒体教学光盘 □优惠促销 □书评广告 □出版社知名度

□作者名气 □工作、生活和学习的需要 □其他

您对本书封面设计的满意程度：

□很满意 □比较满意 □一般 □不满意 □改进建议

您对本书的总体满意程度：

从文字的角度 □很满意 □比较满意 □一般 □不满意

从技术的角度 □很满意 □比较满意 □一般 □不满意

您希望书中图的比例是多少：

□少量的图片辅以大量的文字 □图文比例相当 □大量的图片辅以少量的文字

您希望本书的定价是多少：

本书最令您满意的是：

1.

2.

您在使用本书时遇到哪些困难：

1.

2.

您希望本书在哪些方面进行改进：

1.

2.

您需要购买哪些方面的图书？对我社现有图书有什么好的建议？

您更喜欢阅读哪些类型和层次的理财类书籍（可多选）？

□入门类 □精通类 □综合类 □问答类 □图解类 □查询手册类 □实例教程类

您在学习计算机的过程中有什么困难？

您的其他要求：